"好玩的球"系列丛书

好玩的足球

李岩 ◎ 主编

中国教育出版传媒集团
人民教育出版社
·北京·

图书在版编目（CIP）数据

"好玩的球"系列丛书. 好玩的足球/李岩主编. — 北京：人民教育出版社，2023.1

ISBN 978-7-107-36562-1

Ⅰ.①好… Ⅱ.①李… Ⅲ.①球类运动—学前教育—教学参考资料 Ⅳ.① G613.7

中国版本图书馆 CIP 数据核字（2022）第 021172 号

"好玩的球"系列丛书　好玩的足球

出版发行	人民教育出版社	
	（北京市海淀区中关村南大街 17 号院 1 号楼　邮编：100081）	
网　　址	http://www.pep.com.cn	
经　　销	全国新华书店	
印　　刷	北京华联印刷有限公司	
版　　次	2023 年 1 月第 1 版	
印　　次	2023 年 1 月第 1 次印刷	
开　　本	890 毫米 × 1 240 毫米　1/16	
印　　张	7.25	
字　　数	145 千字	
定　　价	48.00 元	

版权所有·未经许可不得采用任何方式擅自复制或使用本产品任何部分·违者必究
如发现内容质量问题、印装质量问题，请与本社联系。电话：400-810-5788

本册编写人员

主　编：李　岩
编　委：张颖茜　许　宁　康玉新　李　杰
　　　　赵　焱　许晓奕　史小荃　崔　玲
　　　　张　潇　武应杰　李　朔　刘　颖
　　　　陈　佳　何孟辰　樊　铭

出版说明

各种各样的球是幼儿喜爱的玩具材料。适宜的球类游戏,对幼儿身体素质、心理机能、学习品质等多方面的发展都具有良好的促进作用。为了提高幼儿园开展球类游戏的科学性,让球类游戏真正发挥促进幼儿身心发展的作用,我们组织编写了"好玩的球"系列丛书。

丛书呈现了中央军委机关事务管理总局红星幼儿园(丰台园)和北京市东城区第二幼儿园的研究成果。这两所幼儿园多年来潜心研究幼儿健康教育,先后对"三浴"锻炼、环境创设、幼儿体操、户外区域活动、利用小场地开展户外体育活动等进行了深度研究,以研究促教学,促教师的专业发展,促幼儿的健康成长,取得了可喜的成绩。

丛书包含三册,分别是《好玩的皮球》《好玩的篮球》《好玩的足球》。每册分别精选了20~40个既深受幼儿欢迎、又具有较强发展价值的游戏,按小班、中班、大班的顺序和基本的游戏动作进行编排。小班突出趣味性,中班突出合作性,大班突出竞

赛性，体现了科学性、系统性、应用性和实践性特色。希望丛书能够为幼儿园教师开展球类游戏提供参考，也能为有需要的家长提供有益的启示。

丛书在编写过程中得到了首都体育学院幼儿体育研究所所长张莹教授、北京师范大学刘馨教授以及首都师范大学张首文老师的大力支持，在此表示感谢！

对于书中的疏漏和不足之处，恳请广大读者在使用的过程中提出宝贵意见。

人民教育出版社　课程教材研究所
学前教育课程教材研究开发中心
2021年3月

序

2013年2月，国家体育总局及教育部联合发表《关于加强全国青少年校园足球工作的意见》，提出"加快建立布局合理的全国校园足球组织网络""建立并完善大中小学相互衔接的校园足球四级联赛体系"。2015年2月通过的《中国足球改革发展总体方案》提出要"推动足球运动普及""改革推进校园足球发展""发挥足球育人功能"。2015年7月，教育部等六部门印发《关于加快发展青少年校园足球的实施意见》，进一步促进了"校园足球"焕发活力，蓬勃发展。2018年8月，教育部办公厅印发《全国青少年校园足球改革试验区基本要求（试行）》，倡导"根据世界足球强国在儿童5岁左右就开始足球启蒙教育的普遍情况，进一步下移普及重心，积极将足球运动向幼儿园延伸"。2018年10月，中国足协开启"娃娃足球工程"并制订了《全国娃娃足球工程实施方案（2018—2020年）》，计划以幼儿园为载体推进足球运动。2019年3月，教育部办公厅印发《关于开展足球特色幼儿园试点工作的通知》，要求幼儿园努力激发幼儿探究足球的兴趣，通过足球活动强健体魄，开展符

合幼儿身心特点的足球游戏活动。截至2019年12月，教育部遴选建设了全国3570所足球特色幼儿园。

从相关政策的出台到全国各地幼儿园开展足球游戏活动，体现了足球运动从中小学逐渐深入幼儿园的过程。在实际的开展过程中，出现了以下几种不同的情况：第一种是认为幼儿从小练习足球技术对今后从事该项运动有极大促进作用，因而过于强调足球技术练习；第二种是放任自流，认为幼儿园缺乏专业师资和课程体系，不知道该如何开展足球游戏课程，造成目标缺失、随意性强等教学乱象；第三种则是结合幼儿的生长发育特点，借助专业力量认真研究，开发科学、合理的足球游戏课程。毫无疑问，我们推荐的是最后这一种。

北京市东城区第二幼儿园（以下简称"东城二幼"）是一家有着60多年办园历史的北京市一级一类园。该园自2015年起自主探索、开设足球课程，自2017年3月起又借助俱乐部专业资源进一步完善，形成了较为系统的足球课程，打造"全国足球特色园"，扎实推进"足球进校园"活动。通过五年来的探索与实践，以《幼儿园教育指导纲要（试行）》《3—6岁儿童学习与发展指南》精神为导向，结合幼儿的兴趣与年龄特点，借助首都体育学院幼儿体育研究所、足球俱乐部等专业资源，深入挖掘幼儿足球游戏的价值，准确定位其目标，科学架构活动体系。

我认为，东城二幼的足球游戏研究具有以下几个亮点，值得广大教师和家长参考学习。

一是准确定位幼儿园足球游戏的目标。

东城二幼针对幼儿身体发育和心理发展特点开发足球游戏，小班以熟悉足球为主，中班以建立人球关系为主，大班以团队合作游戏为主。各年龄阶段既有所侧重又能兼顾开展。整体课程在目标的定位上，既不过分强调足球技术的练习，也不因害怕"过于技能化"而对足球技术敬而远之，而是经过专业的研究，提取出适合幼儿发展水平的简单足球技术，将其蕴含在适宜、有趣的游戏之中，以技术动作为媒介，着眼于基本动作和身体素质的提高、良好运动习惯和意志品质的培养。

二是全面整合多方面资源与力量。

足球运动是一项专业性很强的运动，单靠幼儿园教师很难保证足球游戏的科学性和系统性。东城二幼充分认识到这一点，聪明地借助了幼儿体能教育专家、足球俱乐部等专业资源，并充分调动园内教研员、带班教师、保健医，甚至保育员的力量，以研究为抓手，整体统筹，发挥各方面的优势，共同为幼儿园足球游戏的顺利、有序推进保驾护航。这是对人的力量的整合。

足球运动对场地的要求通常较高，但东城二幼在户外场地受限的情况下，能够充分挖掘幼儿园每一块边角场地的使用价值，创造条件开展足球游戏。这是对物的力量的整合。

对人力和物力的全面整合，体现出东城二幼的整体观、统筹观以及因地制宜的灵活性和创新性，值得广大幼儿园学习与借鉴。

三是科学架构足球游戏活动体系。

一名优秀的足球运动员，不光要有熟练的技巧，更要有强健的体魄。东城二幼基于对足球运动的正确认识，以及对幼儿园足球游戏目标的准确定位，将体能锻炼放在与技能练习同等重要甚至更加重要的位置。无论是球感游戏，还是运球游戏、传球游戏、射门游戏，基本上都将体能类游戏和技能类游戏搭配使用，通过体能类游戏增强幼儿的力量与耐力，通过技能类游戏提高幼儿对足球控、运、传、踢的能力，提升幼儿的灵敏性、协调性与速度，二者相辅相成，共同促进幼儿发展。广大幼儿园教师和家长在借鉴使用本书中的足球游戏时，一定要留意体能类游戏和技能类游戏的合理搭配，才能最大程度地发挥足球游戏的发展价值。

东城二幼构建的足球游戏活动体系，虽仍有改进空间，但已能清晰地体现出正确的教育观、游戏观，具有很强的科学性和合理性。

作为一名幼儿体育研究者，看到这样既能紧跟国家的政策要求，又体现出学前教育专业性和集成优质资源的高质量幼儿足球游戏课程，我感到很高兴。科学理念和专业知识的相互碰撞，必将结出硕果。相信本书的出版，会对幼儿园足球游戏的科学开展和推广起到良好的示范作用。

张莹

首都体育学院幼儿体育研究所

2021年12月10日

目 录

关于幼儿园开展足球游戏实践研究的说明 …………… 1

幼儿园足球游戏 …………… 11

小班

球感游戏
- 小动物找家（体能类）………… 12
- 袋鼠妈妈和宝宝（体能类）… 14
- 小小流星锤（技能类）………… 16
- 捉星星（技能类）* ……………… 18

运球游戏
- 小熊运西瓜（体能类）………… 20
- 小猴运椰子（技能类）* ……… 22

传球游戏
- 卫星绕地球（技能类）………… 24

射门游戏
- 滚筒大赛（体能类）…………… 26
- 踢球进洞（技能类）…………… 28

中班

球感游戏
- 小小快递员（体能类）………… 32
- 脚踩风火轮（技能类）* ……… 34
- 开汽车（技能类）……………… 36

运球游戏
- 迷宫探宝（体能类）…………… 38
- 小企鹅玩冰球（技能类）* …… 40
- 穿越丛林（技能类）…………… 42

传球游戏
- 穿越隧道（体能类）…………… 44
- 你来我往（技能类）…………… 46
- 宝藏争夺战（技能类）* ……… 49

射门游戏

踢中灰太狼（体能类）……………51
铃铛响起（技能类）………………53

综合游戏

神气的红黄牌（体能类）…………55
渔人捕鱼（技能类）………………57
小羊搬新家（技能类）*……………59
勇救小羊（技能类）………………62
保卫袋鼠家（技能类）……………64

大班

球感游戏

抢凳子（技能类）*…………………68
小白兔和大灰狼（技能类）………70

运球游戏

毛毛虫运果子（体能类）…………72
运送矿石（技能类）………………74
摘水果（技能类）…………………76
海洋寻宝（技能类）*………………78

传球游戏

战胜海盗（体能类）………………80
传球小将（技能类）*………………84

射门游戏

踢倒锥形筒（技能类）……………86
消灭小飞虫（体能类）……………88

综合游戏

截球大战（技能类）*………………90
迎战火球（体能类）………………94
足球对抗赛（技能类）……………96

附 足球技术基本动作方法与要点*

……………99

标*的内容配有视频，可通过"人教易视听"电脑客户端或手机App观看。

关于幼儿园开展足球游戏实践研究的说明

学龄前期是人生的起步阶段，也是身体、心理和意志等多方面发育与发展的基础阶段。足球是常见的球类游戏材料，对幼儿具有丰富的发展价值。我园以足球游戏为切入点，紧密围绕幼儿的年龄特点开展足球游戏，通过五年多的实践探索，对幼儿园开展足球游戏的目标、定位与具体做法积累了一定的经验，打造出了一套科学、合理、常态化的足球课程，形成了初步的研究成果。

一、足球游戏对幼儿发展的价值

（一）足球游戏可以发展幼儿的基本动作，增强幼儿的身体素质

足球游戏将走、跑、跳跃、投掷、钻、爬等基本动作有机结合，让幼儿在有趣的游戏中获得基本动作的练习。停球、踩球、拉球等球感游戏，能有效地增强幼儿对身体和球的控制力。带球走、带球跑、传接球、抢截球、射门等游戏，让幼儿在掌握简单足球技术动作的同时，提高力量、耐力、协调性、灵活性等身体素质，促进神经系统和脑功能的完善，为今后的终身学习奠定良好的生理基础。

（二）足球游戏有助于培养幼儿良好的意志品质，促进幼儿的社会性发展

足球运动被称为"勇敢者的游戏"。在幼儿园开展的足球游戏，虽不特别强调技巧训练，但含有一些简单的足球技术动作练习，这些动作是幼儿在日常生活和其他游戏中很少涉及的，对幼儿来说具有一定的挑战性。哪怕是小班幼儿，在专为他们设计的、具有很强趣味性的足球游戏中，也需要不断地挑战自我，突破自我，探索新的可能。

足球运动具有极强的团体性，每一名幼儿都是团队中不可缺少的组成部分。中大班足球游戏的合作性、规则性、竞赛性增强，为幼儿提供了更多配合与竞技的机会，可以极大地激发幼儿的探索与拼搏精神，培养幼儿团结协作、遵守规则、热爱集体、积极乐观、不怕困难、坚韧不拔等良好品质。

二、幼儿园开展足球游戏的目标

幼儿园开展足球游戏，绝不能以单纯的足球技术动作训练为主要目标。技术动作的练习只是手段，是途径，我们必须从幼儿全面、可持续发展的角度出发，基于足球游戏对幼儿发展的价值，合理定位幼儿园开展足球游戏的目标，避免本末倒置。

我们认为，幼儿园开展足球游戏的目标应当是：以足球游戏为抓手，通过丰富的运动与练习，使幼儿感受运动的乐趣，全面提高速度、耐力、灵敏性、协调性等身体素质，锻炼健康的身体，养成

运动的习惯，形成快乐、自信的品质。

三、幼儿园开展足球游戏的具体做法

我园自2015年起，以自主探索的方式开设足球课程。2017年3月起，又引进俱乐部专业资源，将足球课程进一步完善、系统化，借力"全国足球特色园"建设平台，扎实推进"足球进校园"活动。我们将幼儿园开展足球游戏的经验总结如下。

（一）合理安排场地，提高使用效率

受城市规划发展、适龄儿童增多等客观因素影响，我园出现了户外场地骤减、幼儿人均活动面积被挤压的现象。鉴于足球游戏的多样发展价值，我园坚持克服困难，创造条件在幼儿园开展足球游戏。为了满足多个班级同时开展足球游戏的需求，我园通过"一研""两错"，充分挖掘场地资源，科学、合理地安排，提高场地的使用效率。

"一研"，即研究园内现有场地和足球运动的特点，分析每一块场地的可使用方式，挖掘一切可利用的场地资源，根据足球游戏的需求，因地制宜地设计、布置游戏场地。经过研究，我们打破了"足球游戏只能在足球场上进行"的固有观念，发现过道、滑梯下方的空地等边边角角的户外场地，甚至多功能教室等室内场地，都可以开展足球游戏。在此基础上，我们根据足球运动项目的特点，因地制宜地利用和布置活动场地。例如：利用操场边角的扇形场地开展射门游戏；利用过道等条形场地练习沿S线绕障碍带球；利用

零星场地安排小组传球游戏；等等。

"两错"，即错时、错地。全园统筹安排，制定了《幼儿园户外场地轮流使用制度》，不同班级错时、错地开展足球游戏。错时，就是将幼儿的在园时间划分成若干时段，不同班级错开时段，交替开展足球游戏。错地，就是根据不同班级的足球游戏需求，合理分配场地。各班提前上报足球游戏计划，说明足球游戏内容和场地需求，园里据此进行灵活、动态的安排和调配。

通过"一研""两错"，我园基本上解决了场地受限的问题，足球游戏得以顺利开展。

（二）借助专业资源，形成研究合力

足球运动具有很强的专业性，仅靠幼儿园教师的单方力量是不足以有效开展的。我园以研究为引领，与首都体育学院幼儿体育研究所、足球俱乐部合作，聘请了指导专家和专职的足球教师，将幼儿体能教育专家、足球专业人员、幼儿园教研员与带班教师、保育员、保健医等多方力量有机整合，形成研究合力。

幼儿体能教育专家定期来园培训、指导，帮助教师明确在幼儿园开展足球游戏的价值和定位，对研究过程中遇到的问题进行答疑解惑，启发思路。

幼儿园教研员带领班级教师和专职足球教师开展学习与实践研究，梳理出足球游戏目标体系，并指导教师设计与实施足球游戏，组织观摩、研讨，不断完善目标体系和内容架构；将足球游戏融入日常教学，保证每周有一次体育教学活动的内容为足球游戏。

幼儿园班级教师了解本班幼儿的年龄特点和发展水平，专职足球教师了解足球运动项目的技术动作体系及要点，二者优势互补，共同负责足球游戏的设计与实施。在设计足球游戏时，以各年龄段幼儿身体发展目标和心理发展目标为依据，根据足球运动的特点、层次，有重点地设计游戏目标和玩法，小班注重趣味性，中班注重探索性，大班注重竞争性，使之新颖、生动，富有发展价值。组织开展足球游戏时，专职足球教师与班级教师主辅配合，及时沟通，捕捉来自幼儿的信息并积极反馈。

保育员在足球游戏的实施过程中全程配合，提供后勤服务并重点指导个别幼儿。

保健医走进游戏现场，关注幼儿运动的时间、运动密度和强度，对保育员配合的适宜性进行及时指导，并通过体能测试的成绩分析，为足球游戏活动的有效性和适宜性提供数据支持。

多方力量拧成一股绳，密切合作，共同将足球游戏在园内有效推进。

（三）明确发展目标，架构活动体系

目标是行为的引领。在研究初期，我们就结合《幼儿园教育指导纲要（试行）》《3—6岁儿童学习与发展指南》以及足球运动的基本技术体系，对幼儿在足球游戏活动中的发展目标作了分析和预期。在研究过程中，我们又对其不断调整、完善，结果如表1所示。据此，教师对于各年龄段幼儿在足球运动中获得发展的合理期望有了整体把握，能够有的放矢地进行足球游戏设计与组织。

表1　幼儿在足球游戏活动中的发展目标

总目标		
1. 对足球活动感兴趣，养成良好的运动习惯。 2. 乐于体验和尝试足球运动的基本技术动作，能够掌握简单的运球、传球、射门等动作，形成一定的球感，提高力量、耐力、协调性、灵活性等身体素质。 3. 充分体验运动的激情，感受合作的快乐，养成乐群、积极、自信等心理品质。		
阶段目标		
小班	中班	大班
1. 喜欢玩足球。 2. 愿意尝试踢球、停球等动作，形成初步的球感。 3. 提高走、跑等基本动作水平，增强力量、耐力、协调性等身体素质。	1. 喜欢足球游戏，乐于和同伴一起玩足球。 2. 乐于尝试并能初步掌握踩球、拉球、脚内侧踢球、脚背正面踢球、带球过障碍、传接球、射门等基本技术动作，了解简单的足球运动规则。 3. 进一步提高走、跑、跳、爬等基本动作水平，提升身体素质，具有一定的户外环境适应能力。	1. 喜欢足球游戏，能主动参与足球运动。 2. 巩固踩球、拉球、踢球、传接球、射门的方法，乐于体验和尝试带球过人与足球对抗赛，进一步提高控球能力和身体素质，具有较好的适应户外气候变化的能力。 3. 体验竞争游戏的乐趣，养成正确的输赢观，形成不怕困难、勇于挑战的积极品质。

根据足球运动项目的内容，我们将幼儿园足球游戏大致分成球感游戏、运球游戏、传球游戏、射门游戏、综合游戏等几个大类。

我们从球感游戏入手，引导幼儿感知足球的外形特点，体会脚的不同部位触球的感觉、击球力量与足球运动速度的关系等。在此基础上，带领幼儿逐步尝试拉球、拨球、夹球、停球、运球、传接球、踢球、射门等足球技术动作，以及带球变速跑、变向跑等基本动作。随着幼儿控球能力的增强以及掌握动作的熟练程度提高，游戏内容的丰富性和挑战性也逐渐增加。

上述每个大类下，又包括体能类游戏和技能类游戏。前者重点帮助幼儿发展基本动作，提高力量、耐力等身体素质，提升适应能力；后者重点帮助幼儿提高控球能力，掌握基本的足球技术动作。二者相辅相成，共同促进幼儿发展。我们强调幼儿足球游戏一定不是单纯的技能练习，我们期望引导幼儿在有层次的运动练习基础上发展综合能力。因此，我们为其提供尽可能充分的空间，让他们能够全情投入、大胆尝试，充分体验运动、合作、竞技的快乐。

（四）多种教学策略，实现幼儿发展

1. 小步子递进分解教学，循序渐进地实现发展目标

"小步子"意味着把大目标分解为阶段性的小目标，"递进"指阶段目标的循序达成，"分解教学"即将基本的足球技术动作分解到不同的游戏中，通过有层次的体育游戏练习，使幼儿的肌肉力量、协调性等方面得以提升，从而达到足球运动的目标。"小步子递进分解教学"的策略，贯穿在我园足球游戏实践研究中的每一个阶段。

2. 开展不同形式的足球游戏，满足不同年龄特点的发展需求

我们力求将足球游戏的形式与内容和幼儿的年龄特点结合，开展符合幼儿兴趣与发展需求的足球游戏。

在小班，以平行化的趣味扮演为主。小班幼儿爱模仿，平行游戏较多。为此，教师创设有趣的故事情境，提供数量充足的游戏材料，引导幼儿将自己和足球想象成不同的角色，在平行的扮演过程中体验足球游戏的乐趣。

在中班，以情境化的个性探索为主。与小班比，中班幼儿动作发展水平明显提升，动作的稳定性和灵活性逐渐增强，且具备了一定的足球游戏经验，愿意探索足球的不同玩法。据此，教师创设丰富的活动场景，鼓励幼儿自主探索游戏玩法，感受自主、自由、愉快的学习氛围，逐步掌握基本的足球技术动作，提高身体素质。

在大班，以竞争性的合作游戏为主。大班幼儿动作的协调性、灵活性和准确性有了很大的提高，团队合作和竞争意识越来越强，且具备了一定的规则意识，对竞技类游戏具有极大的热情。据此，教师设计多样化的游戏任务，鼓励幼儿自主选择游戏伙伴与材料，充分调动各项经验，综合运用已经习得的技能，通过合作、协商共同完成游戏任务，进一步增进对足球游戏的感知和了解，发展灵活性、协调性、柔韧性等身体素质，提升球感，激发热情。

3. 创设鲜明的足球文化环境，潜移默化地熏陶足球精神

我园充分发挥环境的育人作用，注重园内足球文化氛围的创设，将足球元素融入幼儿园的每个角落，渗透团结、公平、拼搏等足球精神。例如：在图书区增加与足球相关的图书；在走廊、楼梯张贴幼儿参与足球游戏的照片与画作；在操场布置足球形象吊饰、投放足球运动器材；等等。让幼儿在园内处处可以发现足球的踪迹，感受足球精神，使幼儿在快乐的生活与学习中爱上足球运动。

4. 争取家长支持，让开展足球游戏成为一种生活习惯

为了提高家长对体育活动的重视，改变部分家长"重智轻体"的观念，我园创设了足球日，包括主题式足球日、亲子游戏式足球

日、集体展示式足球日等。每个月开展一次足球日活动，如"小足球，大智慧"中班传球比赛、"家园携手促健康，亲子运动共成长"大班亲子足球游戏嘉年华、"健康伴随成长，快乐启迪童心"户外足球对抗展示大会等。这些活动不仅提升了幼儿参与足球游戏的兴趣，还促使家长直观地认识到足球游戏对幼儿身心发展的重要价值，主动将足球游戏延伸到家庭生活中。幼儿在园、在家都能持续、积极地参与足球游戏，为终身体育打下基础。

本书是我们研究成果的结晶。我们从研究所得的200多个足球游戏中，按照普及性高、趣味性强等原则，精心筛选、收录了38个足球游戏，按小班、中班、大班的顺序呈现。其中，每个年龄段内又分别按球感游戏、运球游戏、传球游戏、射门游戏等动作技能分类编排（中大班还增加了综合游戏），便于读者按需查找。每类游戏下，尽量地包含了体能类游戏和技能类游戏，供读者参考。教师和家长可以根据书中的游戏示例，举一反三，探索出适合本班或自己小家庭适用的足球游戏。

幼儿园教育教学与研究常做常新、永无止境。在我们的理解中，足球游戏代表着一种健康、快乐的生活方式，一种积极向上、顽强拼搏的精神。希望我们的成果能够引起同行对幼儿园足球游戏的关注和重视。我园的实践研究有了一定的收获，同时仍存在诸多不足，今后我们还将继续探究，将研究工作做细、做深、做精。

（张颖茜）

幼儿园足球游戏

小班

球感游戏
运球游戏
传球游戏
射门游戏

球感游戏

小动物找家（体能类）

目标

1. 熟悉足球，喜欢参与足球游戏。
2. 能够根据口令迅速反应，提高身体灵敏性和协调性。

准备

1. 足球若干（每人一个）。
2. 在平整的塑胶运动场地上画一个大圆。

玩法

1. 幼儿扮演小动物，分散站在大圆上；将足球呈散点摆放在大圆内，当作小动物的家。
2. 幼儿在教师的带领下，一边齐说儿歌，一边模仿儿歌中提到的小动物，沿逆时针方向走动。
3. 当听到教师说出"天黑了，快回家"的口令后，每名幼儿迅速模仿所说小动物的动作，到大圆内找一个足球并坐到上面，即"回家了"。

建议

1. 刚开始游戏时，教师可带领幼儿每次只说提到一种动物的儿歌，降低难度。当幼儿熟悉游戏后，教师可逐渐增加儿歌的变化，提示幼儿根据儿歌内容和教师口令及时反应。
2. 当幼儿熟悉游戏后，教师还可以鼓励幼儿将代表"回家了"的动作由坐到球上替换为用不同的身体部位触碰球，如用脚掌踩球、用脚尖碰球等。
3. 若幼儿人数较多，可将幼儿分为每八至十人一组，每组分别由一名教师带领游戏。

（崔玲）

附儿歌

轻轻走，轻轻跑，我是小猫喵喵喵。
爱吃虫子爱吃米，我是小鸡叽叽叽。
黄黄嘴巴大脚丫，我是小鸭嘎嘎嘎。
长长耳朵三瓣嘴，我是小兔蹦蹦蹦。

袋鼠妈妈和宝宝（体能类）

目标

1. 熟悉足球，喜欢参与足球游戏。
2. 能够用不同的身体部位夹住足球向前行进，提高耐力和身体协调性。

准备

1. 足球若干（每人一个）。
2. 在平整的塑胶运动场地上设置起始线和终止线。

玩法

1. 幼儿扮演袋鼠妈妈，站在起始线处，将足球当作袋鼠宝宝。
2. 袋鼠妈妈根据教师的指令，将身体的不同部位当作身上的大口袋，装着袋鼠宝宝回家。如：教师说"将你的双腿变成大口袋"，则幼儿用双腿夹住足球，将足球从起始线运到终止线。教师也可变换指令，带领幼儿用单手抱球、双手抱球、头顶球等方式进行游戏。

建议

1. 游戏前，教师带领幼儿做好身体各部位（特别是腿部）的热身运动。
2. 刚开始游戏时，可以用走的方式夹球向前行进；幼儿熟悉游戏后，可以尝试用跑、跳的方式夹球向前行进。

（李杰）

小小流星锤（技能类）

目标

1. 体验用脚的不同部位接触球的感觉，感受玩足球的乐趣。
2. 发展眼、脚的协调配合能力。

准备

每人一个足球、一个网兜。

玩法

1. 教师用儿歌创设游戏情境，吸引幼儿游戏，如："小小流星锤，一踢它就动！小脚踢一踢。脚尖踢踢，脚背踢踢，脚后跟踢踢……"
2. 幼儿提着装有足球的网兜，将其当作流星锤，分散站在场地上，探索用脚的不同部位（如脚尖、脚背、脚后跟、脚外侧、脚内侧等）去踢足球，使球向不同方向运动。

建议

1. 刚开始游戏时，教师可只说儿歌的前半部分（说到"小脚踢一踢"即止），鼓励幼儿自由探索。当幼儿慢慢地熟悉后，再逐渐增加"脚尖踢踢""脚背踢踢"等口令，引导幼儿尝试用脚的指

定部位踢球，或增加"左踢踢""右踢踢"等口令，鼓励幼儿尝试让球往指定的方向运动。之后可随幼儿游戏的情况，灵活变化儿歌的后半部分，提示幼儿根据儿歌内容及时反应。

2. 本游戏的主要目的在于体验和感受，幼儿刚开始踢不着球也没关系，教师一定要鼓励幼儿努力尝试。
3. 幼儿能独立游戏后，可在晨练或户外活动环节自由练习。

（许宁）

捉星星(技能类)*

目标

1. 在跑动中感受球的滚动,能够用脚将行进中的足球停住。
2. 发展眼、脚的协调配合能力。

准备

1. 足球若干(每人一个)。
2. 平整的运动场地。

玩法

1. 幼儿抱着"星星"(即足球)分散站在场地上。
2. 幼儿在教师的带领下,一起慢慢地说儿歌。当说完"1,2,3——"后,幼儿将球抛出去;说到"捉星星!"时,幼儿迅速出发,追赶"星星",用脚将其停下来。

建议

1. 游戏前,教师带领幼儿做好身体各部位(特别是双臂和腿部)的热身运动。
2. 当幼儿熟悉玩法后,教师可鼓励幼儿自主游戏。
3. 教师可根据幼儿的游戏情况,指导幼儿掌握用脚停球的方法:眼睛盯住球,身体随足球不停地协调运动,尝试用脚尖或脚内侧将球停住。

(康玉新)

附儿歌

小星星,亮晶晶,
一闪一闪眨眼睛。
1,2,3——
捉星星!

运球游戏

小熊运西瓜（体能类）

目标

1. 提高快速奔跑的能力，增强身体的爆发力。
2. 体验用脚带球行进的乐趣。

准备

1. 足球若干（数量可为幼儿人数的两三倍）。
2. 在平整的塑胶运动场地上画一个直径约为十米的圆，将足球放在靠近圆心处。

玩法

1. 教师和幼儿分散站在圆上。
2. 教师介绍游戏情境：天气太热了，熊妈妈/爸爸买来一些西瓜，请小熊将西瓜运回来。
3. 幼儿扮小熊，快速跑到圆内，选一个"西瓜"（即足球），将它用脚带回出发点。
4. 可反复游戏，直到将"西瓜"全部运完。

建议

1. 此游戏重点在于增强幼儿身体的爆发力，因此，在游戏过程中，教师应将指导重点放在鼓励幼儿快速奔跑上，可通过增加圆内的足球数量、鼓励幼儿多运西瓜等方式进行。
2. 教师可用游戏化的语言（如"轻一点儿，别把西瓜踢坏了"等）提醒幼儿用脚带球前进时不要太用力，从而帮助幼儿快速找到带球行进的感觉。

（武应杰）

小猴运椰子（技能类）*

目标

1. 尝试用脚带球沿指定的方向前进。
2. 体验足球游戏的有趣。

准备

1. 足球若干（每人一个）、球筐一个。
2. 在场地上设置两条线，间距约八十厘米，当作小桥的桥面。小桥的一头设起始线，另一头设球筐。

玩法

1. 幼儿扮演小猴，将足球当成椰子。每只小猴带着一个椰子，在小桥的一头（即起始线处）排成一列纵队，做好准备。
2. 游戏开始，小猴顺次出发，把椰子用脚从桥面上运到"对岸"（即小桥的另一头），放进球筐里，然后从两侧返回。

建议

1. 教师指导幼儿带球前进时注意控制脚的方向和力度，让球沿指定的方向前进，可用游戏化的语言提醒幼儿，如"向前看，轻轻踢，不要让椰子掉进河里"等；可鼓励幼儿尝试使用脚内侧运球。
2. 待幼儿熟练后，可逐渐缩短桥面的宽度，鼓励幼儿尝试挑战。
3. 根据幼儿的人数，可多设几条小桥，分组游戏，避免消极等待。

（武应杰）

传球游戏

卫星绕地球（技能类）

目标

1. 对传球活动感兴趣，愿意尝试用脚内侧踢地滚球。
2. 能够在一定距离内传球，提高快速反应能力。

准备

1. 足球一个。
2. 平整的运动场地。

玩法

玩法一：卫星转转转

1. 幼儿围成一个大圆，相互之间保持一定距离。教师站在圆圈中间扮地球。
2. 幼儿手拉手，一边沿逆时针方向转圈，一边齐说儿歌："走走走，转转转，卫星绕着地球转。"
3. 儿歌结束时，幼儿停下。教师将足球传到哪名幼儿脚下，就从这名幼儿开始，将球沿逆时针方向传给下一名幼儿。

4. 下一名幼儿要用脚停球，再将球继续往下传。

5. 传完一圈后，足球回到刚才第一个接球的幼儿脚下，再被传给教师。

6. 游戏可循环进行。

玩法二：卫星发射

1. 幼儿围成一个大圆，一名幼儿携球站在圆心处扮地球。

2. 听到教师发出"开始"指令后，圆心处的幼儿随机选择一名站在圆上的幼儿，叫他的名字，并将足球用脚传出。

3. 被叫到名字的幼儿接球后，把球传回至圆心处的幼儿。

4. 圆心处的幼儿随机选择站在圆上的其他幼儿，将球传出，游戏继续。可反复进行。

建议

1. 在小班，不要求幼儿完全掌握用脚内侧踢地滚球的动作要领，重点在于体验和尝试。教师指导幼儿尝试用脚内侧将球踢出，使球沿着地面滚向下一名幼儿即可。

2. 可先由教师带着玩玩法一，熟练后再尝试玩法二。

（许宁）

射门游戏

滚筒大赛（体能类）

目标

1. 能够用脚踹滚筒前进，提高下肢控制力和身体协调性。
2. 感受参与体育游戏的乐趣。

准备

1. 小滚筒四个（重量与足球相近）。
2. 在平整的运动场地上，设置起始线和终止线。

玩法

1. 教师扮猫妈妈/爸爸，幼儿扮猫宝宝。教师介绍游戏情境：今天猫宝宝们要跟猫妈妈/爸爸学习一项新的本领——踹滚筒。
2. 猫妈妈/爸爸示范踹滚筒的方法，提醒猫宝宝掌握动作要领：用脚踹滚筒的中间部位，等滚筒减速后再继续往前踹。
3. 猫宝宝分成四组，尝试自己踹滚筒。从起始线开始，将滚筒踹到终止线处。

建议

1. 教师根据幼儿的游戏情况，灵活指导幼儿掌握踩滚筒的位置（滚筒中间部位）、方向（向前）、力度（使劲）以及踩出下一脚的时机（等滚筒减速后再踩）。
2. 这个游戏对下肢的锻炼较多，教师注意带领幼儿做好游戏前的热身和游戏后的放松。
3. 教师提醒幼儿注意左右脚交替踩，保证左右两边得到均衡的锻炼。
4. 幼儿熟悉玩法后，可在晨练或户外活动时自主游戏。

（刘颖）

踢球进洞（技能类）

目标

1. 能够眼、脚较协调地将球踢进拱形门。
2. 喜欢参与踢球游戏，体验踢球进洞的成就感。

准备

1. 足球若干（每人一个）、拱形门四个。
2. 在平坦的运动场地上，将拱形门摆成一排。在距离拱形门四米远处，设置一条踢球线。场地布置如右图。

玩法

1. 幼儿扮小松鼠，教师扮松鼠妈妈/爸爸。教师向幼儿介绍游戏情境：今天妈妈/爸爸带你们学一项新本领——踢球进洞，看哪只松鼠宝宝学得快，能把球踢进山洞里。
2. 教师示范踢球进洞的动作，并带领幼儿通过说儿歌的方式掌握要领。
3. 幼儿分成四组，站在踢球线后，尝试将球踢进"山洞"（即拱形门）。

建议

1. 可根据幼儿人数和场地大小，灵活设置山洞的数量。
2. 教师重点指导幼儿掌握踢球进洞的方法，即：用脚内侧或脚背正面触球，将球快速踢进山洞。

（刘颖）

附儿歌

小松鼠，本领大，
踢球进洞顶呱呱。
脚内侧/脚背正面来触球，
瞄准山洞踢进啦！

中班

球感游戏

运球游戏

传球游戏

射门游戏

综合游戏

球感游戏

小小快递员（体能类）

目标

1. 能够与同伴合作，用身体的不同部位夹住足球行进。
2. 增强合作能力和团队意识。

准备

1. 足球若干（每两人一个），球筐一个。
2. 在平整的运动场地上，设置起始线和终止线。将空球筐放在终止线处。

玩法

1. 幼儿扮快递员，在起始线处站成两列纵队，其中一队幼儿携球。
2. 两队的第一名幼儿结成一组，用身体的不同部位夹住"快递包裹"（即足球），如背靠背用后背夹球、面对面用前胸夹球等，将其运送到终止线处的"快递车"（即球筐）中，然后从两侧跑回队尾；两队的第二名幼儿随即出发。
3. 幼儿依次游戏，直到将所有的球都送到筐内。

规则

如果足球中途掉落，需捡起重新夹好，从掉落的位置开始，继续游戏。

建议

1. 教师指导幼儿与同伴相互配合，夹紧足球，同时注意游戏安全。
2. 教师观察幼儿的游戏行为，对做得好的幼儿及时肯定，鼓励幼儿向同伴学习。

（李杰）

脚踩风火轮（技能类）*

目标
1. 掌握双脚交替踩球的动作要领。
2. 感受脚接触足球的位置，提高脚对足球的敏感性。

准备
1. 足球若干（每人一个）。
2. 平整的塑胶运动场地。

玩法

玩法一：踩一踩风火轮
1. 幼儿扮小哪吒，围圈站好。每名幼儿脚前摆一个足球（即"风火轮"）。
2. 幼儿在教师的带领下，一起慢慢地齐说儿歌的前半部分（即不含最后一句"风火轮，转起来！"），其中"左踩住，右踩住"一句可多次重复。同时，随着儿歌的内容，轮流将左脚、右脚的前脚掌轻轻踩在足球的上部，让足球不随意滚动。

玩法二：跳步踩风火轮
在玩法一的基础上，教师带领幼儿逐渐加快说儿歌的速度，引导幼儿随之加快双脚交替踩球的速度，逐渐做到跳步踩风火轮。

玩法三：风火轮转起来

1. 教师带领幼儿齐说完整的儿歌，边说边有节奏地双脚交替踩自己前面的足球。
2. 当说到"风火轮，转起来！"时，幼儿迅速沿顺时针方向移动到自己左侧的下一个足球面前。
3. 游戏可循环进行。

建议

1. 教师注意指导幼儿掌握踩球的动作要领，并指导幼儿提高动作的连贯性。
2. 三种玩法难度依次递进，教师可带领幼儿循序渐进地游戏。

（康玉新）

附儿歌

我是小哪吒，

脚踩风火轮。

左踩住，右踩住。

左踩住，右踩住。

…………

风火轮，转起来！

开汽车（技能类）

目标

1. 练习拉球，巩固踩停球，进一步熟悉球性。
2. 体验足球游戏的有趣。

准备

1. 足球若干（每人一个）。
2. 平整的塑胶运动场地。

玩法

1. 一名教师和幼儿一起扮司机，把足球当汽车，一边慢慢地齐说儿歌，一边在指定的游戏场地内"开汽车"（即用脚底拉球）。
2. 另一名教师扮红绿灯，在儿歌说完之后，随机发出"红灯""绿灯"等口令。
3. 当听到"红灯"口令时，司机要马上用脚踩停球（即"停车"）。当听到"绿灯"口令时，司机可以继续拉球（即"开车"）。比比谁的反应快。

建议

1. 教师指导幼儿掌握侧拉球和回拉球的动作要领。
2. 两名教师可相互配合,在说完儿歌后,先由和幼儿一起扮司机的教师随机发出"前进"(轻轻向前踢球)、"向左拐弯"(向左侧拉球)、"向右拐弯"(向右侧拉球)、"倒车入库"(向后拉球并踩停)、"将车停到一边"(侧拉球并踩停)等口令,再由扮红绿灯的教师发出"红灯""绿灯"等口令,以增强游戏的趣味性,鼓励幼儿练习巩固拉球和踩停球。

(康玉新)

附儿歌

嘀嘀嘀,嘀嘀嘀,
我是快乐的小司机。
红灯停,绿灯行,
安全行驶听指令!

运球游戏

迷宫探宝（体能类）

目标

1. 能沿S线穿越障碍物并带球回到起点。
2. 提高身体灵活性和协调性，体验成功的快乐。

准备

1. 锥形筒、拱形门、球筐若干，足球若干（每人一个）。
2. 宽敞、平整的运动场地。场地布置如下图所示。

起始线

玩法

1. 幼儿分成若干纵队，站在起始线处，做好准备。
2. 每队第一名幼儿从起始线出发，沿S线绕过锥形筒，钻过拱形门，到达"宝库"（即放置足球处）。每人找到一个"宝藏"（即足球）后，用脚将球沿直线带回，拍一下本队第二名幼儿的手，然后将球带到队尾，放到本队的"宝箱"（即球筐）里。
3. 每队第二名幼儿被拍到手后，即刻出发。游戏可循环进行。

建议

1. 本游戏的重点在于提高幼儿绕障碍的灵活性和协调性，不必过于强调运球的技巧。
2. 当幼儿对游戏熟练后，可根据需求加入运球技巧的练习，如鼓励幼儿尝试在取到"宝藏"后将球沿原路绕障碍运回，并提醒幼儿注意：运球时步幅不要过大，掌握好适合自己速度的触球部位和力度，避免用脚尖捅球；保持身体协调，将球控制在自己脚下。

（史小荃）

小企鹅玩冰球（技能类）*

目标
1. 能够用双脚内侧触球，左右脚交替带球前进。
2. 尝试带球过障碍物。

准备
1. 足球若干（每人一个），锥形筒三十个。
2. 将平整的塑胶运动场地分为两边：一边呈散点摆放足球；另一边摆放三列锥形筒，每列十个，列内每两个相邻的锥形筒间隔一米。场地布置如下图。

玩法
1. 教师扮企鹅妈妈/爸爸，带领幼儿扮的企鹅宝宝，模仿企鹅走路的样子，在散步的游戏情境中来到场地内，发现场地内呈散点摆放的"冰球"（即足球）。
2. 每个企鹅宝宝找一个冰球，尝试用脚内侧触球，左右脚交替带球前进。可自由练习一会儿。
3. 逐渐熟练后，企鹅宝宝跟随企鹅妈妈/爸爸，用双脚的脚内侧交替触球，慢慢朝同一个方向带球前进。

4. 企鹅宝宝呈三列纵队，分别站在每列锥形筒前。
5. 每队第一名幼儿带球出发，用双脚脚内侧交替触球的方法向前带球，沿S线绕过一列锥形筒，然后抱球，模仿小企鹅走路的样子回到队尾。前一名幼儿带球前行五米（即到达本列第六个锥形筒）后，下一名幼儿出发。
6. 游戏可循环进行。

建议

1. 教师根据幼儿的游戏情况进行随机指导，帮助幼儿掌握用双脚内侧交替触球、带球前进的动作，指导幼儿将球向斜前方轻轻踢出，注意合理用力，避免将球踢得过远。
2. 幼儿初次尝试沿S线带球行进时，教师可有针对性地多次示范，提示幼儿灵活调整身体重心和出脚的方向。
3. 当幼儿初步掌握动作后，教师可在晨练环节指导幼儿练习；当幼儿熟练后，教师可组织分组接力赛，保持幼儿的游戏热情。
4. 教师可根据幼儿的游戏水平，灵活调整锥形筒的数量。

（何孟辰）

穿越丛林（技能类）

目标

1. 进一步掌握用双脚内侧交替带球过障碍物的动作。
2. 能够在带球过程中较灵活地躲闪，提高身体的协调性和灵敏性。

准备

1. 足球若干（每人一个）。
2. 在平整的运动场地内，分散放置若干个贴有动物图案的锥形筒及大积木块，营造出丛林的场景。

玩法

1. 教师向幼儿指明"丛林"的入口和出口,告诉幼儿今天要穿越丛林,进行冒险。
2. 教师示范穿越丛林的正确方法——双脚内侧交替带球,绕过障碍物。
3. 幼儿尝试穿越丛林,教师随机指导。
4. 当幼儿对游戏熟练后,可请一名或多名幼儿扮演大灰狼,在幼儿运球过障碍时进行干扰。运球的幼儿在绕过障碍物的同时,还要注意躲避大灰狼。

建议

1. 教师重点指导幼儿左右脚配合控制球的前进方向,注意避免用力过度将球踢出控制范围。
2. 教师可根据幼儿掌握动作的熟练程度,灵活增减丛林内障碍物的数量和间距,调整游戏难度。
3. 若幼儿人数较多,可将幼儿每五至八人分为一组开展游戏。

(武应杰)

传球游戏

穿越隧道（体能类）

目标

1. 能够将球传到一定距离远处，发展下肢力量。
2. 体验传球游戏的乐趣。

准备

1. 足球若干（每两人一个）、拱形门若干。
2. 平坦的运动场地。

玩法

玩法一：穿越"拱形门隧道"

1. 将拱形门摆成长约六米的"隧道"，在距其两端三米处各设一个标志点。
2. 幼儿两人一组，分别站到隧道两侧的标志点上进行传接球，让球从隧道中间通过。

玩法二：穿越"人体隧道"

1. 八名幼儿分成两组，每组四人。
2. 其中一组幼儿每相邻两人间隔半臂距离排成一列纵队，双腿分开，扮演隧道。
3. 另一组幼儿站在隧道两侧约三米远处，每侧两人，轮流进行传接球，让球从扮演隧道的幼儿双腿中间穿过。
4. 两组幼儿互换角色，再次游戏。

建议

1. 游戏前教师带领幼儿做好热身，特别是腿部和脚部的热身。
2. 教师根据幼儿的游戏情况灵活调整"隧道"的长度，鼓励幼儿迎接挑战。

（李朔）

你来我往（技能类）

目标

1. 掌握脚内侧传接球的动作要领，提高传球准确性。
2. 能够与同伴配合完成游戏，培养协作意识。

准备

1. 足球两个、拱形门一个、计分牌一个。
2. 将拱形门摆放在平整的运动场地中间，两侧附近各设一个传球点。在拱形门两侧五米远处，各设一条踢球线，线上摆放一个足球。场地布置如下图所示。

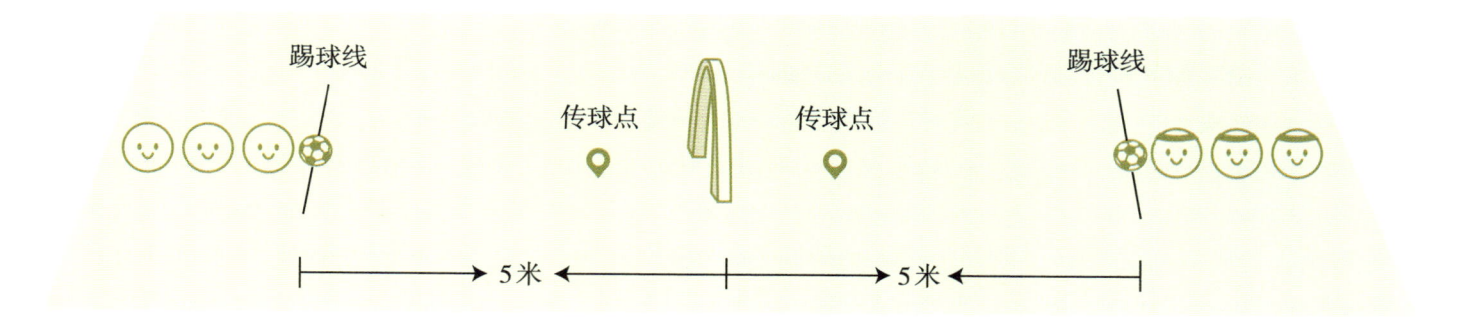

玩法

1. 幼儿分为人数相等的红、蓝两队，分别在两条踢球线后站好。双方各出一人，用"剪刀、石头、布"的方法决定由哪队先发球。

2. 若红队先发球，则游戏开始时，教师喊出"红队"作为提示。此时，蓝队第一名幼儿迅速跑到本侧传球点做好准备。红队第一名幼儿在其就位后，用脚内侧传球的方法，从本队踢球线开始，将足球踢向拱形门。

3. 若球从拱形门中间穿过，则红队得一分。站在传球点的蓝队幼儿迅速接球，并用脚内侧传球的方法，将球踢回红队，然后快速跑到本队踢球线处，准备发球。红队刚才发球的幼儿则迅速跑到本侧传球点，准备接球。

4. 若球未从拱形门中间穿过，则红队不得分。蓝队幼儿可将球捡至本侧传球点，传回红队，然后快速跑到本队踢球线处，游戏继续。

5. 每名幼儿在完成一次传球、一次接球之后，将球放在本队踢球线处，站到本队队尾。其余幼儿顺次完成游戏。

6. 所有幼儿都完成后，统计两队累计得分，得分多的队获胜。

建议

1. 教师鼓励幼儿在游戏中有意识地用脚内侧触球。
2. 教师根据幼儿的游戏情况，指导幼儿掌握传接球的动作要领。

（张潇）

宝藏争夺战（技能类）*

目标

1. 巩固传接球和拦截球的方法，提高身体的灵活性和协调性。
2. 体验合作游戏的乐趣，提高协同能力。

准备

1. 足球一个、计时器一个、计分牌一个。
2. 在宽敞、平整的运动场地上，设置两条传接线（两线间隔约十米），场地中间设置一条宽约两米的拦截带。

玩法

1. 幼儿分为人数相同的两组，分别扮演小猫和老鼠。
2. 第一回合：小猫传送宝藏，老鼠拦截。
   （1）小猫两两结对，分别站在两条传接线上，其中一方携球。老鼠分散站在场地中间的拦截带内。
   （2）游戏开始，小猫两两传送"宝藏"（即用脚传接球），老鼠在拦截带内努力用脚拦截。
   （3）老鼠拦截成功一次记一分。三分钟后统计老鼠组的累计得分。

3. 第二回合：老鼠传送宝藏，小猫拦截。

（1）两组互换角色和位置，用同样的方法再次游戏。

（2）三分钟后统计小猫组的累计得分。

4. 得分高的组获胜。

规则

1. 传接球时，须站在传接线上或传接线之后，不能越线。
2. 拦截球时，须站在拦截带内，不能越线。

建议

1. 教师指导传接球的幼儿掌握、巩固动作要领，把握好脚触球时的力度和方向；指导拦截的幼儿留意球的运动方向和速度，及时反应。
2. 当幼儿熟悉玩法后，教师可带领幼儿小结游戏经验，如：可以在传接线上（或后方）快速横向移动，以迷惑对手，但要注意不能越线；将球传出时要快速、果断，因为传球时越犹豫，给拦截方的准备时间就越长；等等。
3. 教师提醒幼儿注意游戏安全，不踢中高球，移动时避免冲撞。

（许宁）

射门游戏

踢中灰太狼（体能类）

目标

1. 练习踢准，提高眼脚协调能力，增强下肢力量。
2. 体验踢球游戏的乐趣。

准备

1. 足球若干（每人一个）。
2. 在墙面上贴若干灰太狼图片；在距离墙面三至五米远处的地面上设一条踢球线。

玩法

1. 幼儿扮演小羊,站在踢球线处将足球踢出,目标是击中墙上的灰太狼图片。
2. 待球弹回后,幼儿迅速用脚踩停球,然后带球返回踢球线,再次将球踢出。
3. 游戏可反复进行。幼儿一边踢,一边数一数:自己踢中了几次灰太狼?

建议

1. 教师带领幼儿做好游戏前的热身和游戏后的放松。
2. 踢球线离墙面的距离以及灰太狼图片离地面的高度,均可根据幼儿的实际水平灵活调整。

(许宁)

铃铛响起（技能类）

目标

1. 能够用脚内侧或脚背正面踢球击中目标。
2. 对足球射门活动感兴趣。

准备

1. 足球若干（每人一个）、球门一个、系绳的铃铛两个。
2. 在平整的运动场地一侧摆放球门。在球门上框绑好铃铛绳，使铃铛自然垂下时位于靠近球门的左下角和右下角、距离地面约十五厘米处。在距离球门两米远处，设置一条踢球线。场地布置如下图。

玩法

1. 教师扮演猫妈妈/爸爸，幼儿扮演猫宝宝。
2. 教师介绍游戏情境，引导幼儿观察游戏场地：猫宝宝最喜欢玩小铃铛了，今天我们用球来碰响小铃铛，找一找，小铃铛在哪里？
3. 教师示范游戏玩法：站在踢球线处，用脚内侧或脚背正面将球踢出，让球射中球门左下角或右下角的铃铛；铃铛响起，则表示成功。
4. 幼儿站在踢球线处，尝试将球踢出，射中铃铛。踢完的幼儿回到队尾，大家轮流游戏。

建议

1. 教师根据幼儿的游戏情况，指导幼儿用脚内侧和脚背正面触球。
2. 可根据幼儿人数设置多组球门和铃铛，让幼儿分组游戏，减少等待。

（刘颖）

综合游戏

神气的红黄牌（体能类）

目标

1. 能根据口令迅速反应，做出相应的动作，提高身体的灵敏性。
2. 了解足球游戏的红黄牌规则，能并在游戏中遵守。

准备

1. 红牌、黄牌各一张。
2. 平整的运动场地。

玩法

1. 教师向幼儿介绍红牌和黄牌，讲解它们在足球比赛中出现时代表的意义：在一场足球比赛中，当一名球员第一次犯规时，裁判会对其出示黄牌作为警告；当他第二次犯规时，裁判会先对其出示第二次黄牌，再出示红牌，这时犯规球员便会被逐离场，不能继续参加比赛。

2. 教师向幼儿提出挑战：听指令做动作。教师随机发出不同的口令，如四散跑、停、慢走、下蹲、原地跳高等，幼儿根据口令迅速反应，做出相应的动作。
3. 若幼儿做错，则需接受相应的黄牌警告或红牌惩罚。能坚持到最后留在场内的幼儿为胜。

建议

1. 教师发出的口令应清晰、明确，便于幼儿反应。
2. 教师发出的口令，内容可由易到难，变化速度可先由慢到快，再快慢交替，以不断保持幼儿参与游戏的热情。

（史小荃）

渔人捕鱼（技能类）

目标

1. 巩固脚内侧踢球的动作要领，提高踢球的准确性。
2. 能够灵活躲闪，提高身体的灵活性和协调性。

准备

1. 足球一个、计时器一个、口哨一个。
2. 在平整的运动场地上，画一个半径为五米的大圆。

玩法

1. 幼儿分成人数相等的两组（建议每组八至十人）。一组站在大圆上，携球扮渔人；另一组分散站在圆内扮鱼。
2. 听到哨声或"开始"口令后，渔人用脚内侧将球踢出，目标是击中圆内的鱼。被击中者立即将球捡起，送回给渔人并退至圆外。游戏继续。
3. 三分钟后，教师吹哨示意此回合结束，计数留在圆内的鱼的数量。
4. 两组幼儿互换角色，用同样的方法游戏。
5. 哪组在规定时间内剩留在圆内的人多，即为胜方。

建议

1. 教师指导幼儿明确本游戏中触球的部位是脚内侧，鼓励幼儿有意识地练习，掌握脚内侧踢球的动作要领。
2. 游戏时，教师提示扮渔人的幼儿注意把握踢球的方向和力度，不要将球踢得过高或过猛，只能击中扮鱼的幼儿臀部以下的身体部位，一定要注意安全。
3. 可根据幼儿的兴趣，将角色替换成猎人和野鸭等，保持幼儿的游戏热情。

（许宁）

小羊搬新家（技能类）*

目标

1. 能较熟练地掌握脚内侧运球和脚底停球的动作。
2. 提高身体的灵活性和反应能力。

准备

1. 足球若干（每人一个）。
2. 在平整的运动场地上设置一条起始线、一条终止线。在终止线的旁侧设一个标志点，当作狼窝。

玩法

1. 幼儿扮小羊，在起始线处做好准备。教师扮老狼，在标志点处背对幼儿站好。

2. 游戏开始,老狼说儿歌,小羊随儿歌用脚内侧运球,将球运向"新家"(即终止线另一侧)。当说到"回头看——"时,老狼回头看,小羊迅速用脚底停球,定住保持身体不动,并接说儿歌的最后一句"踩球不动藏好啦!"。

3. 老狼收回视线后,重新说儿歌,小羊继续用脚内侧运球。看哪只小羊能成功避开老狼,顺利将球运到新家。

规则

当老狼回头时,没有用脚将球停稳并保持身体不动的小羊,就要被老狼"吃掉"(即到旁边休息)。

建议

1. 当幼儿熟悉玩法后,可由幼儿轮流扮演老狼,进行游戏。
2. 幼儿对脚内侧运球和脚底停球的动作都已有一定经验,在游戏中教师可留心观察,有针对性地进行指导,如提醒幼儿不要用手触球,用脚底停球的时候要站稳、避免摔倒等。

(许晓奕)

附儿歌

小羊小羊搬新家,
小心运球不害怕。
当心老狼回头看——
踩球不动藏好啦!

勇救小羊（技能类）

目标

1. 能够用双脚的脚内侧或脚背外侧带球前进、射门。
2. 尝试在指定范围内将球拦截，初步体验守门。

准备

1. 足球两个、球门一个、计分牌一个、标志碟若干。
2. 将标志碟放置在场地四周和场内，划出游戏区域和拦截区域。场地布置如下图所示。

玩法

1. 六名幼儿分成两队：四人扮小羊（为羊羊队，负责射门）；两人扮大狼（为狼狼队，负责守门）。
2. 教师介绍游戏情境：有小羊被关在了"狼堡"（即球门）里，羊羊队的成员要打开狼堡的门

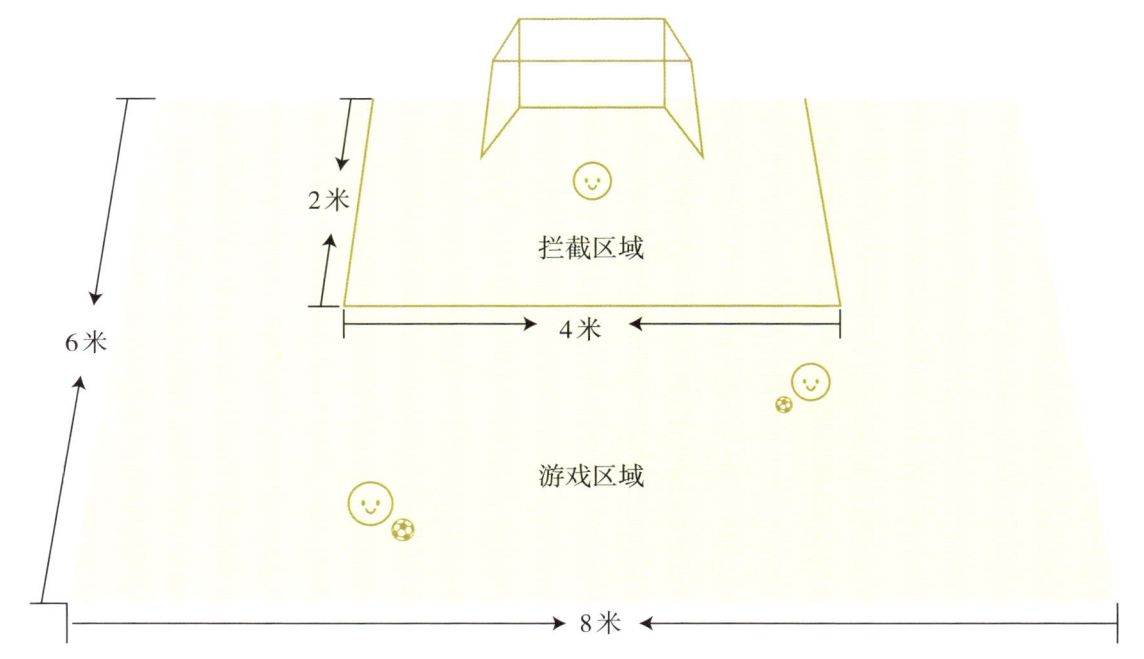

（即带球射门），救出同伴；狼狼队的成员则要守住狼堡（即在指定的拦截区域内将球拦截，阻止射门）。

3. 每回合游戏，羊羊队出一名幼儿蹲在球门内（扮演被关的小羊）、两名幼儿轮流射门，狼狼队出一名幼儿守门。若射入一球，则羊羊队得一分；若守住一球，则狼狼队得一分。当全部幼儿都参与一轮后，比较两队的累计得分。若羊羊队得分高，即成功救出了同伴；若狼狼队得分高，即守住了狼堡。

建议

1. 教师根据幼儿的游戏情况随机指导，如：帮助幼儿掌握带球动作（即用脚内侧或脚背外侧运球），合理控球，不把球踢出场外，不被守门员抢到球，并找准时机射门；提示守门员找好时机主动抢截球。
2. 教师提醒幼儿注意游戏安全：射门的幼儿不踢中高球；守门的幼儿在抢截球时注意保护自己。
3. 一轮游戏结束后，教师可带领幼儿稍事休息、总结经验，然后请幼儿轮换角色，再次游戏。

（何孟辰）

保卫袋鼠家（技能类）

目标

1. 知道并能遵守不用手触碰足球的规则。
2. 巩固用脚停球的动作，提高身体的协调性和灵敏性。

准备

1. 足球若干（每两人一个）、计分牌一个。
2. 在平整的运动场地上，设两条相距三米的标志线。

玩法

1. 教师扮袋鼠妈妈/爸爸，介绍游戏情境和规则：小袋鼠们要演练怎样保卫自己的家园；袋鼠的两条前腿太短了（无法碰触球），只能用强有力的后腿和脚来拦截敌人的进攻。
2. 幼儿扮小袋鼠，分成两组（每组六至八人），分别在两条标志线后相向站立。其中一组幼儿携球，扮演进攻方；另一组幼儿不携球，扮演防守方。
3. 听到教师发出的口令后，进攻方的幼儿将球踢向对面的"袋鼠家"（即对面标志线的后方空间）；防守方的幼儿迅速判断球的方向，用脚将球停住。进攻方踢进几个球得几分，防守方拦截几个球得几分。
4. 两组幼儿互换角色，再次游戏。
5. 统计两组的累计得分，得分高的组胜出。

规则

1. 不能用手触碰足球。
2. 进攻和防守时均不能越线。

建议

1. 教师提醒进攻方的幼儿不踢中高球,注意游戏安全;指导防守方的幼儿根据球的运动方向调整自己站的位置,主动拦截,但不要越过标志线。
2. 可根据幼儿的人数设置多组对抗,但要注意组与组之间拉开距离,避免防守时发生碰撞。

(史小荃)

大班

球感游戏

运球游戏

传球游戏

射门游戏

综合游戏

球感游戏

抢凳子（技能类）*

目标

1. 熟练掌握用双脚内侧交替拨球行进和踩停球的方法，提高身体的协调能力和控球能力。
2. 体验足球游戏的乐趣。

准备

1. 幼儿有原地用脚内侧拨球的经验。
2. 足球若干（每人一个）、口哨一个。
3. 在平整的塑胶运动场地上画圆，圆内呈散点投放若干个标志碟（标志碟的数量比幼儿人数少一个）。

玩法

1. 幼儿分散站在圆上，携球做好准备。
2. 游戏开始，幼儿一边齐说儿歌，一边按儿歌的节奏用双脚内侧交替拨球，沿顺时针方向行进。
3. 当听到教师吹响口哨时，幼儿迅速用脚踩停球，然后跑到圆内抢占一把"凳子"（即标志碟）。

4. 没有抢到凳子的幼儿，抱球在指定的区域休息。撤掉一个标志碟，留在场内的幼儿继续游戏。最后留在场内的幼儿为胜利者。

规则

幼儿须将球踩停以后才能跑到圆内抢凳子。如果未用脚踩停球，即使抢到凳子也算犯规，要被罚去指定的区域休息。

建议

1. 教师利用儿歌，指导幼儿掌握用双脚内侧交替拨球行进的动作要领，将球控制在脚下。
2. 刚开始游戏时，可不强调输赢，鼓励幼儿在反复游戏中巩固练习即可。当幼儿熟练后，再增加竞争性，激励幼儿积极挑战。

附儿歌

小足球，真听话，
左一下，右一下。
轻轻踢，朝前跑，
我的双脚本领大。

（李杰）

小白兔和大灰狼（技能类）

目标

1. 巩固踩球、拉球、拨球的方法，进一步熟悉球性。
2. 能够较熟练地带球行进，提高控球能力。

准备

1. 足球若干（每人一个）。
2. 在平整的塑胶运动场地上，摆放一个球门。

玩法

1. 一名教师扮演兔妈妈/爸爸，带领幼儿扮演的小白兔，用踩球、拉球、脚内侧拨球等方式，带着足球在"森林"（即场地中的指定区域）里自由游戏。另一名教师扮演大灰狼，预先躲在一旁。

2. 当大灰狼出现时，兔妈妈/爸爸发出"大灰狼来了"的提示，小白兔立即将球用脚运回"家"（即球门）中。

建议

1. 扮演兔妈妈/爸爸的教师根据幼儿的游戏情况进行随机指导，帮助幼儿巩固动作要领，尽量将球控制在脚下。
2. 扮演大灰狼的教师灵活把握出现的时机，既给幼儿足够的练习时间，又保证游戏的趣味性。

（赵焱）

运球游戏

毛毛虫运果子（体能类）

目标

1. 能够身体协调地匍匐前进，提高身体的协调性和灵敏性。
2. 喜欢参与足球游戏。

准备

1. 足球若干（每人一个）、软垫若干、球筐四个。
2. 在平整的塑胶运动场地上，设置起始线和终止线，中间用软垫铺成六至八米长的"小路"，在终止线后放两筐足球，在起始线附近放两个空筐。场地布置如下图所示。

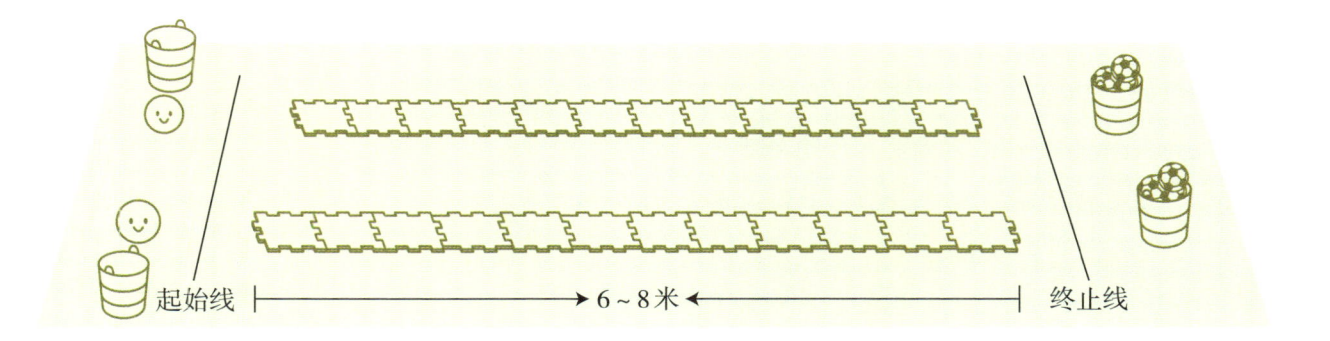

玩法

1. 幼儿分成人数相等的两队，扮毛毛虫，呈两列纵队站在起始线处。
2. 游戏开始，每队的第一名幼儿出发，匍匐爬过软垫，到达终止线后，用双手抱一个"果子"（即足球），从两侧快速跑回起始线处，拍一下本队下一名幼儿的手，然后将果子放到本组的筐内。下一名幼儿被拍到手后立即出发。
3. 最快将果子全部运回本组筐内的队伍获胜。

建议

1. 本游戏的重点是练习匍匐前进，教师重点指导幼儿掌握匍匐爬的动作。
2. 当幼儿熟练后，教师可适当增加技能的练习，如鼓励幼儿在将果子运回时大胆尝试使用脚的不同部位（如脚内侧、脚背、脚外侧等）运球，指导幼儿注意脚与足球接触的正确位置，并控制好力度和方向，尽量让足球向指定的方向运动。

（崔玲）

运送矿石（技能类）

目标

1. 能够双脚内侧交替触球，带球钻过拱形门，提高身体的协调性。
2. 对运球过人感兴趣，初步掌握运球过人的方法。

准备

1. 足球若干（每人一个）、拱形门（高约一米）若干。
2. 在平整的运动场地上，将每五个拱形门摆成一条"隧道"（每相邻两个拱形门间隔一米）。

玩法

游戏情境："山洞里"（即拱形门一侧）有许多"矿石"（即足球），请小朋友帮忙，把它们从山洞中运出来。

玩法一：运矿石出洞

1. 幼儿每五人一组，自由尝试，用弯腰、低头、双脚内侧交替触球的方法，带球从隧道中穿过，即将矿石运出了山洞。
2. 游戏可反复进行。

玩法二：守卫矿石

1. 幼儿每五人一组。其中一人扮强盗，在隧道的一侧进行拦截；其余四人需依次先带球绕过强盗，再用双脚内侧交替触球的方法，带球钻过拱形门，即将矿石安全运出山洞。
2. 幼儿轮流扮强盗，游戏可反复进行。

建议

1. 先玩第一种玩法，幼儿熟练以后再玩第二种玩法。
2. 教师根据幼儿的游戏情况，适时带领幼儿总结经验，帮助幼儿掌握带球钻过拱形门的方法和带球过人的方法。如：注意双脚配合，避免用力过猛将球踢远；带球过人时，可趁对方不注意时带球前进，或假装往左误导对方，然后迅速往右带球；等等。
3. 幼儿熟悉游戏后，可以增加难度或提高竞争性，如增加拱形门的数量、进行小组赛等。

（陈佳）

摘水果（技能类）

目标

1. 能够较灵活地带球变向行进，提高控球能力和身体的协调性。
2. 能够根据哨声和指令迅速反应。

准备

1. 足球若干（每人一个），红、黄、蓝、绿色标志碟若干，口哨、计时器、计分牌各一个。
2. 在平整的运动场地上，将同色标志碟每三个一组分散摆放。场地布置如下图。

玩法

游戏情境：前方有许多不同的果园（每组标志碟代表一片果园，不同颜色的标志碟代表不同的果园，如红色标志碟代表苹果园或草莓园，黄色标志碟代表梨园或香蕉园，绿色标志碟代表西瓜园或青提园，蓝色标志碟代表蓝莓园等），今天请小朋友去逛果园、摘水果。

玩法一：自由摘水果

1. 幼儿自由带球穿过不同的标志碟组，看谁逛果园时能不碰到果树（即不碰到标志碟）。

2. 熟悉后，可以比一比在规定时间内谁穿越的标志碟组数量最多。教师用哨声示意游戏开始和结束。

玩法二： 听指令摘水果

教师随机发出指令，幼儿根据指令穿过相应的标志碟组。如：教师说"摘西瓜"，幼儿迅速带球穿过所有的绿色标志碟组。

玩法三： 过障碍摘水果

1. 幼儿分成两组，一组幼儿带球，另一组幼儿分散站在不同的标志碟组之间进行拦截。
2. 带球幼儿每带球穿过一组标志碟计一分，三分钟后统计本组得分。然后两组幼儿互换。相同时间内累计得分高的组获胜。教师用哨声示意游戏开始和结束。

建议

1. 三种玩法难度递增，教师可组织幼儿循序渐进地游戏。
2. 教师提醒幼儿注意左右脚交替带球，避免一直用同一只脚带球。

（陈佳）

海洋寻宝（技能类）*

目标

1. 能够较熟练地快速带球沿S线跑，进一步提高身体的灵活性和协调性。
2. 体验与同伴一起进行带球游戏的乐趣。

准备

1. 足球四个，沙包或软球等便于拿取的小物若干（不少于幼儿人数），四种颜色的锥形筒各五个，小圈四个。
2. 在边长约六米的正方形运动场地四角，分别设一条起始线，线旁各放一个小圈。从每条起始线开始，向场地中心顺次摆放五个锥形筒（每两个相邻的锥形筒间隔约六十厘米）。场地中心堆放沙包等小物。场地布置如下图所示。

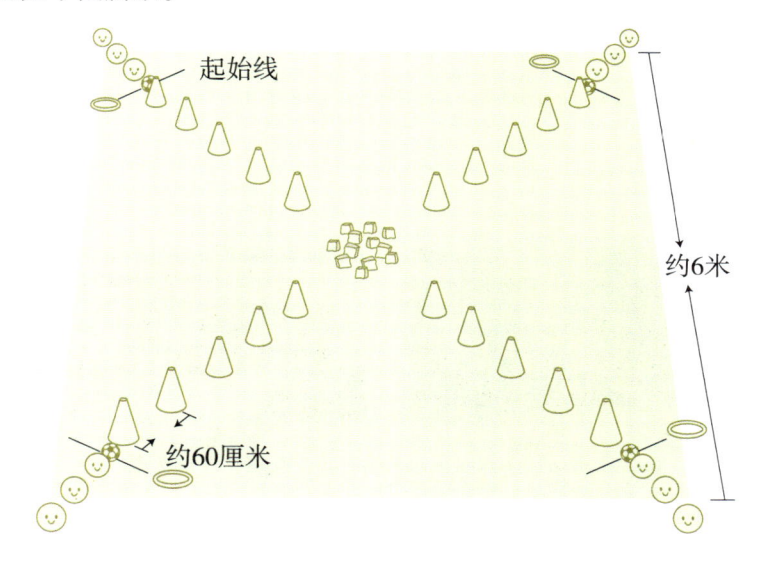

玩法

1. 幼儿扮小鱼，分成人数相等的四队，分别站在四条起始线后做好准备。
2. 哨声响起，游戏开始。每队第一名幼儿带球沿S线绕过锥形筒，到达场地中心后捡起一个"宝物"（即沙包等小物）后带球沿直线返回，将球交给本队第二名幼儿，将宝物放到"宝库"（即本队小圈）内，然后回到队尾。第二名幼儿接球后立即出发，继续"寻宝"。看哪队用最短的时间全部完成。

建议

1. 教师指导幼儿在沿S线前进时用左右脚配合控制球的方向。
2. 游戏前，教师可带领幼儿热身，如：将锥形筒以不小于三米的间距随意摆放在场地中，幼儿扮小鱼，在场地中自由带球跑动，注意跑动时尽量不碰到其他小鱼。
3. 当幼儿熟悉游戏玩法后，可增加宝物的数量，看看哪组在规定时间内运回的宝物多。

（陈佳）

传球游戏

战胜海盗（体能类）

目标

1. 体验竞赛游戏的乐趣，提高身体的爆发力，增强下肢力量。
2. 能够控制传球的方向和速度，提高传接球的配合度。

准备

1. 足球若干（每三人一个）、口哨一个、计分牌一个。
2. 平整的运动场地。

玩法

幼儿分为两组：一组为寻宝人，负责传球；另一组为海盗，负责拦截。寻宝组的人数为海盗组的两倍。每次游戏由两名寻宝人和一名海盗参加。

玩法一：同向大战

1. 场地布置如下图所示。

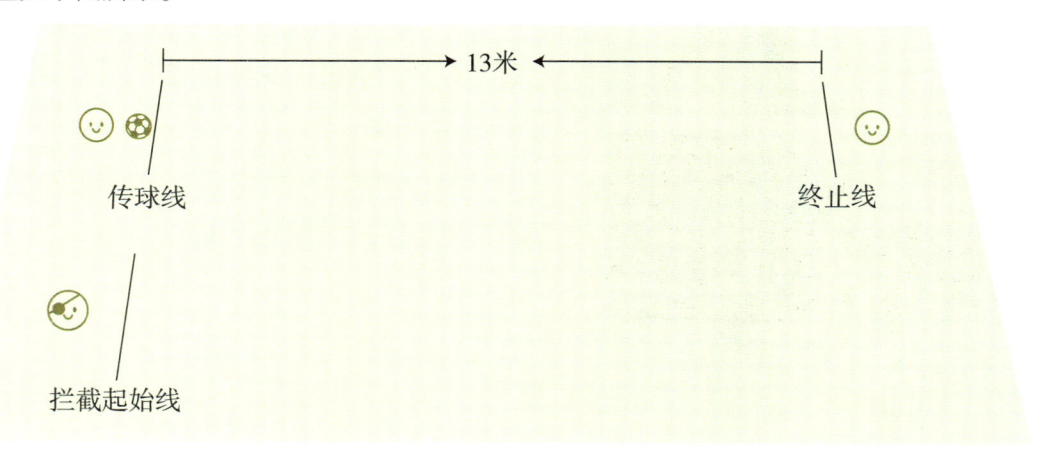

```
        ←——— 13米 ———→
  ☺⚽|                    |☺
   传球线                  终止线

   ☺
  拦截起始线
```

2. 两名寻宝人分别站在传球线和终止线处，海盗站在拦截起始线处，做好准备。

3. 哨声响起，游戏开始。传球线处的寻宝人通过控制球的方向和速度，将球传给终止线处的寻宝人。当球被传出后，海盗迅速出发，对球进行追赶、拦截。终止线处的寻宝人留意球传来的方向，可在终止线上（或后方）横向移动迎球。

4. 若传球成功，则寻宝人得分；若拦截成功，则海盗得分。每一球计一分。

5. 每组换新的组员上场，开始下一回合游戏。

6. 所有组员都参加过一回合游戏后，计算两组的累计得分。得分高的组胜出。

玩法二：相向大战

1. 场地布置如下图所示。

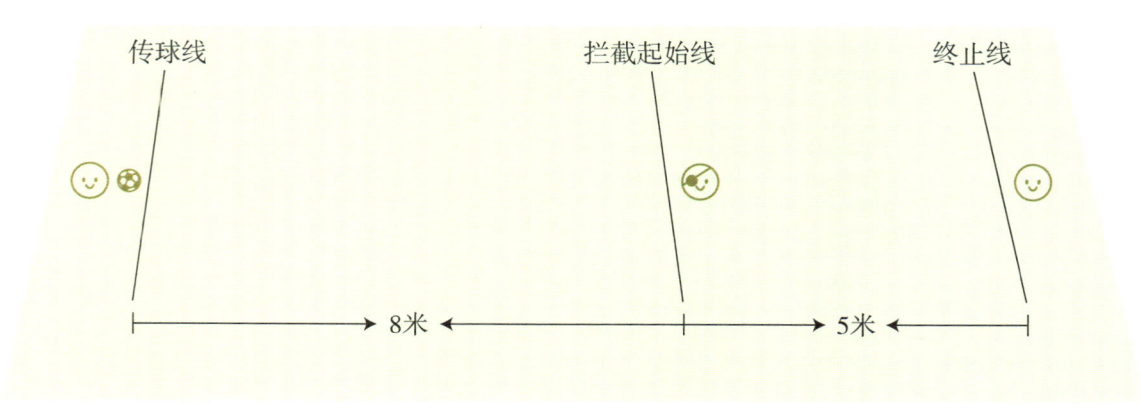

```
传球线          拦截起始线          终止线
  ⊙●              ⊙                  ⊙
  |←——— 8米 ———→|←—— 5米 ——→|
```

2. 两名寻宝人分别站在传球线和终止线处。海盗站在拦截起始线处，与传球线处的寻宝人相向站立。

3. 哨声响起，游戏开始。传球线处的寻宝人将"宝物"（即足球）传给终止线处的寻宝人。海盗在拦截起始线上（或后方）横向移动，将宝物拦截。终止线处的寻宝人留意球传来的方向，可在终止线上（或后方）横向移动迎球。

82 | 好玩的足球

4. 若传球成功,则寻宝人得分;若拦截成功,则海盗得分。每一球计一分。

5. 每组换新的组员上场,开始下一回合游戏。

6. 所有组员都参加过一回合游戏后,计算两组的累计得分。得分高的组胜出。

建议

1. 教师带领幼儿做好游戏前后的热身和放松活动,尤其是腿部。

2. 教师提醒传球的幼儿不踢中高球,注意游戏安全。

3. 教师根据幼儿的游戏情况,适时指导幼儿掌握传接球的动作要领和截球的技巧。

(李朔)

传球小将（技能类）*

目标

1. 掌握脚内侧传球的动作要领，提高传球准确性和身体的协调性。
2. 体验与同伴配合传接球的乐趣。

准备

1. 足球一个、口哨一个。
2. 在长约六米、宽约四米的平整运动场地四角各设一个标志点。场地布置如下图所示。

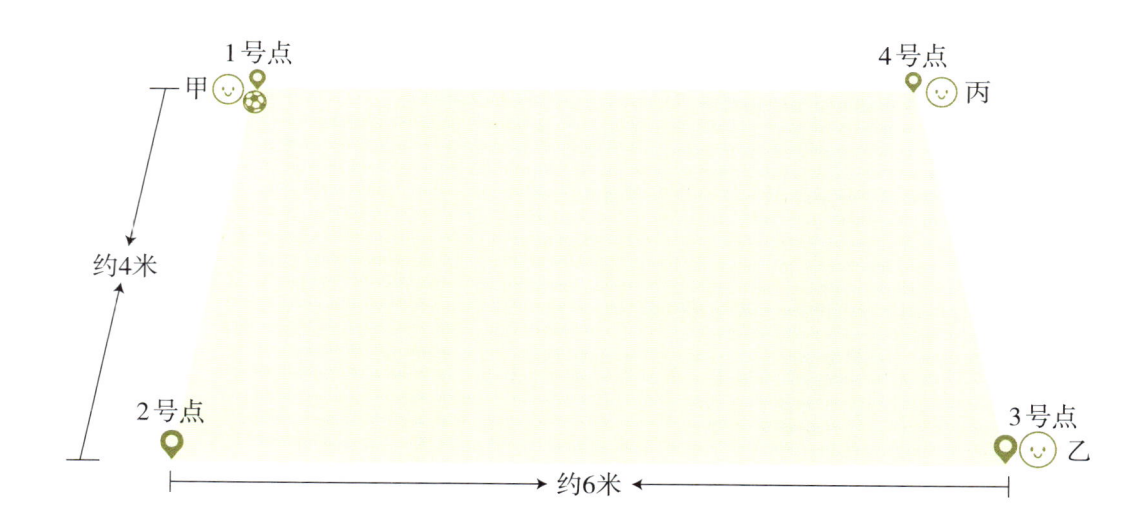

玩法

1. 甲、乙、丙三名幼儿分别站在1号、3号、4号点上。
2. 教师吹哨，游戏开始。幼儿甲从1号点出发，带球跑到2号点后，将球传到幼儿乙的脚下；同时，幼儿丙从4号点出发，快速跑到1号点。

3. 幼儿乙接球后，从3号点出发，带球跑到4号点，然后将球传到幼儿丙（此时已跑到1号点）的脚下；同时，幼儿甲从2号点出发，快速跑到3号点。
4. 以此类推，游戏可循环进行。

建议

1. 游戏前，教师可带领幼儿复习、巩固用脚内侧踢球的动作，指导幼儿掌握脚内侧传球的动作要领。
2. 初玩此游戏时，教师可准备四个锥形筒，编好序号1至4，一一对应地放在四个标志点处。其中，1号和3号锥形筒为黄色（示意接球），2号和4号锥形筒为橘色（示意传球），便于幼儿快速掌握游戏玩法。当幼儿熟练后，可视情况撤去锥形筒，只标记4个点即可。
3. 刚开始游戏时，教师可提示幼儿：不必急于传球；在跑到标志点后，要先看好目标方向，再将球传出。幼儿熟练后，可酌情尝试提速，但应优先考虑传球的准确性。
4. 游戏过程中，教师提醒传球的幼儿不要踢中高球，鼓励接球的幼儿预判球的运动轨迹，主动迎球。

（张潇）

射门游戏

踢倒锥形筒（技能类）

目标

1. 能够用脚内侧踢球的方法击倒在一定距离远处的目标。
2. 培养勇于挑战的精神。

准备

1. 足球一个、锥形筒十个。
2. 在平整的运动场地一头设置踢球线。在距离该线一侧三米远处将锥形筒摆放成三角形。

玩法

玩法一：原地踢球

幼儿站在踢球线处，用脚内侧将球踢出，目标是击倒锥形筒。

玩法二：助跑踢球

幼儿从距离踢球线一定距离处出发，助跑到踢球线时，用脚内侧将球踢出，击倒锥形筒。

建议

1. 教师及时指导幼儿掌握脚内侧踢球的动作要领。
2. 教师注意让幼儿的左、右脚得到均衡的练习。
3. 可根据幼儿人数，设多组锥形筒供幼儿练习；待幼儿熟练后，可开展小组赛，看哪组队员累计击倒的锥形筒多。
4. 可将锥形筒替换成易拉罐（内装半罐豆子以增加重量），垒成堡垒的样子，请幼儿扮小士兵，玩"攻堡垒"的游戏。由于"堡垒"比锥形筒更重一些，幼儿需更用力将球踢出才能将其击倒，因此对幼儿来说具有更高的挑战性。

（刘颖）

消灭小飞虫（体能类）

目标

1. 能够将球踢出，击中在一定距离远处和高度处的目标，增强下肢力量。
2. 培养勇于挑战的精神，增强自信。

准备

1. 足球若干（每人一个）、自制小飞虫图片若干、球筐一个、长绳一根。
2. 在平整的运动场地上，设置一条踢球线。在踢球线的一侧约两米远处，放装有足球的球筐；另一侧约三米远处，将小飞虫图片分散挂在距地面五十厘米左右高处。

玩法

1. 幼儿扮灭虫小分队的队员,在球筐旁站成一列纵队。
2. 听到"开始"口令后,幼儿从筐内取球,抱球来到踢球线处,将球放在线上,用力将球踢出,目标是击中挂在空中的小飞虫图片。
3. 每名幼儿有三次踢球机会,看谁累计踢中的小飞虫最多。

建议

1. 教师务必带领幼儿做好游戏前的热身和游戏后的放松活动,特别是腿部。
2. 教师可鼓励幼儿尝试已经掌握的多种踢球方法(如脚内侧踢球、脚背正面踢球等),注意引导幼儿左、右脚得到均衡的练习。
3. 幼儿人数以五人以内为宜;若幼儿较多,可分组游戏。
4. 教师提醒观看游戏的幼儿不要站在挂小飞虫的绳后,以免被球误伤。

(赵焱)

综合游戏

截球大战（技能类）※

目标
1. 掌握抢截球的方法，进一步提高控球能力。
2. 能够较灵活地带球躲避他人，提高身体的灵活性和协调性。

准备
1. 足球一个、两种颜色的队服若干、口哨一个、计时器一个。
2. 平整、宽敞的运动场地。

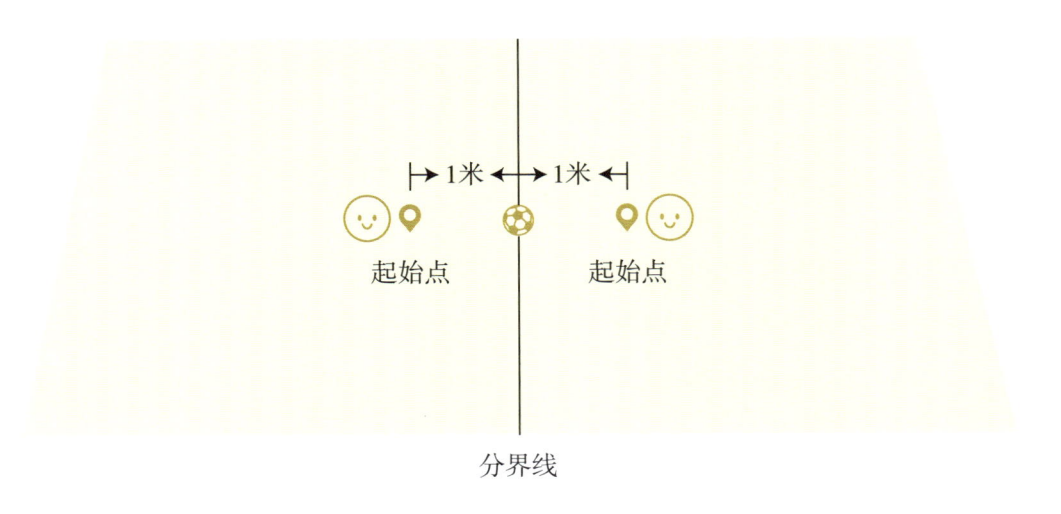

玩法

玩法一：两人一球，正面抢截

1. 场地布置如右图所示。将足球放在分界线上，两人分别站在球两侧一米远处的起始点上做好准备。
2. 教师吹哨，示意游戏开始。幼儿一对一正面抢截球。
3. 三分钟后，哨声响起，游戏结束，谁抢到球谁获胜。

分界线

玩法二：两人一球，行进中抢截

1. 场地布置如下图所示。

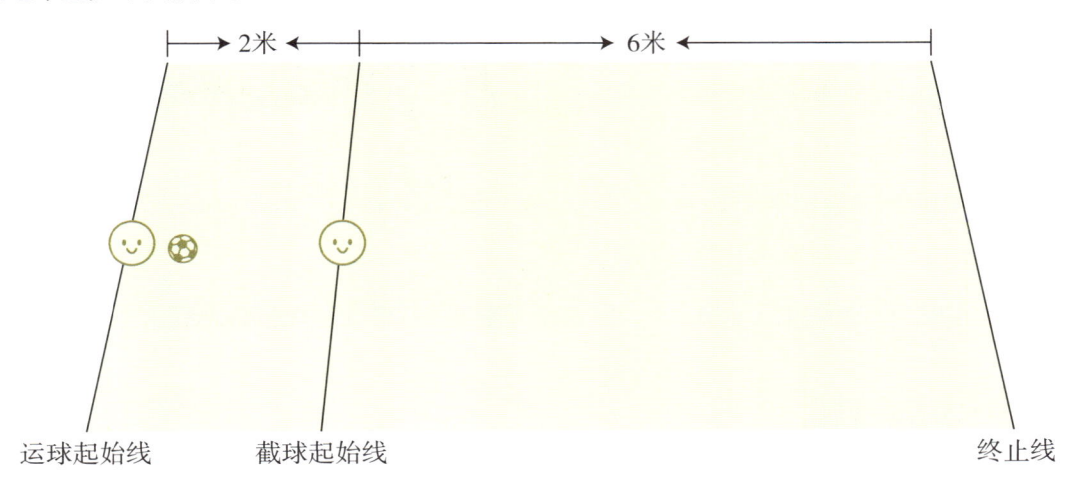

运球起始线　　截球起始线　　　　　　　　　　　　终止线

2. 两名幼儿用"剪刀、石头、布"的方法决定谁运球、谁截球，然后分别站在运球起始线和截球起始线上，面对面做好准备。

3. 教师吹哨，示意游戏开始。两名幼儿同时出发。运球的幼儿努力将球带至终止线处，截球的幼儿努力将球抢截到自己脚下。

4. 游戏以三分钟为限。若三分钟内球被顺利运至终止线处，则运球幼儿胜，游戏随之结束；若三分钟到时（教师吹哨示意），球未被运至终止线处，则截球幼儿胜，游戏结束。

玩法三：多人一球，分队抢截

1. 场地布置如下图所示。

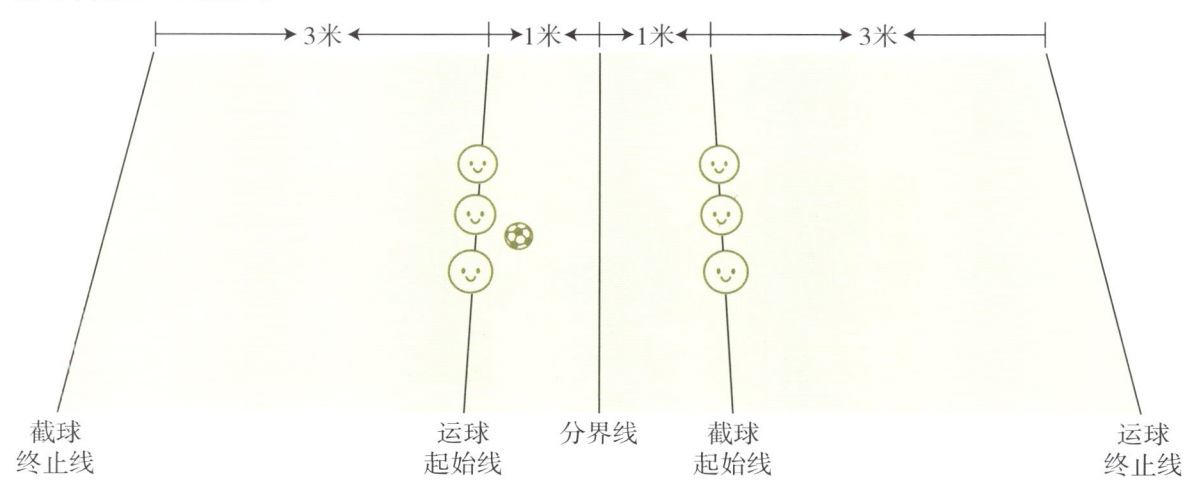

2. 幼儿分成两队，每队两三人，各派一名代表，用"剪刀、石头、布"的方法决定哪队运球、哪队截球，然后分别站到分界线两侧的运球起始线和截球起始线上，面对面做好准备。

3. 教师吹哨，示意游戏开始。两队幼儿同时出发。运球队的幼儿综合运用传接球、带球过人等技术，努力将球带至运球终止线处。抢截队的幼儿努力将球抢截到己方并运球至截球终止线处。
4. 游戏以三分钟为限。若三分钟内球被顺利运至某一方的终止线处，则该队胜，游戏随之结束；若三分钟到时（教师吹哨示意），球未被运至任何一方的终止线处，则视为平局，游戏结束。

建议

1. 教师指导幼儿注意观察时机，果断出脚，同时注意自我保护。
2. 玩玩法三时，教师提示幼儿注意与同伴配合，培养幼儿的团队意识和协作意识。

（樊铭）

迎战火球（体能类）

目标

1. 巩固传接球和抢截球的方法，提高身体的协调性和反应能力。
2. 能够积极迎球、抢截球，提高胆量和竞争意识。

准备

1. 足球四个、计时器一个、计分牌一个。
2. 平整、宽敞的方形运动场地，两头分别设起始线和终止线。

玩法

1. 幼儿分成A、B、C三队，每队四人。其中，A队幼儿分散站在起始线处；B、C两队幼儿一一对应地分散站在场地两侧（均面向场地中心）；B队幼儿携球。

2. 教师发出指令，示意游戏开始。B队幼儿将自己脚下的球踢出，与和自己对应的C队幼儿进行来回传接球；与此同时，A队幼儿迅速跑向场内，目标是截住球，并将其踢到终止线处。
3. 若球未被截住，则B、C两队幼儿可反复传接球，A队幼儿继续拦截。在规定时间内拦截几球，A队计几分。
4. 三队幼儿轮换位置，轮流拦截。三个回合后，得分多的队获胜。

建议

1. 可在足球表面装饰火焰图案，使其滚起来像火球。
2. 教师提醒幼儿在奔跑和拦截时注意安全，避免相互碰撞。
3. 教师指导截球组的幼儿根据球的运动方向和速度进行预判，灵活把握截球的时机。
4. 幼儿熟练后，可尝试同时使用八个球游戏，即B、C两队的幼儿同时向对方传球并接住对方传来的球。

（樊铭）

足球对抗赛（技能类）

目标

1. 能综合运用运球、停球、传球、射门等动作完成游戏。
2. 体验足球对抗赛的乐趣。

准备

1. 足球一个，球门两个，红、蓝两色队服若干，黄牌、红牌各一个。
2. 在长约四十米、宽约二十米的平整运动场地中间画一条分界线，两端各摆放一个球门。场地布置如下图所示。

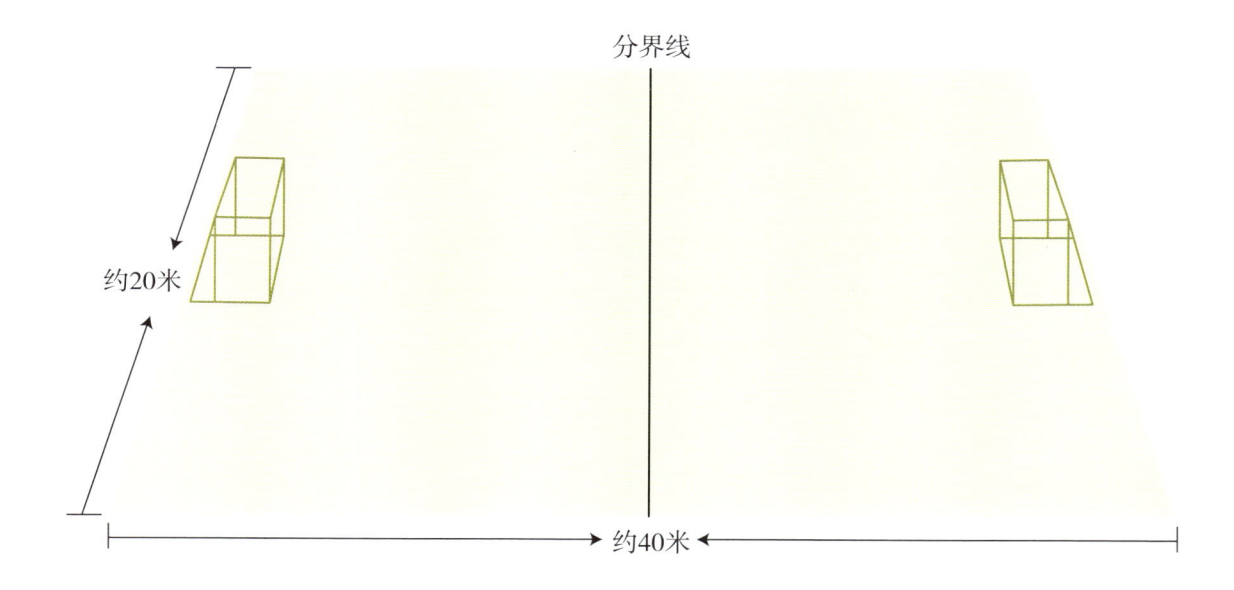

玩法

1. 幼儿分成两队，每队五人，不设守门员。教师指导幼儿明确各自的球场、球门以及比赛规则。
2. 比赛从中场开球开始，两组幼儿进行对抗。教师以裁判员身份参与活动，关注幼儿表现及比赛进程。

规则

1. 比赛分上、下两个半场，各五分钟，中间休息两分钟。
2. 下半场比赛时，双方要交换场地，更换开球方。
3. 将球踢进对方球门得一分，比赛结束时得分多的队获胜。
4. 如有队员犯规，则裁判员根据实际情况对其使用黄/红牌警告，并扣除该队一分。犯规动作包括：用手触球、冲撞队方队员等。
5. 如比赛时间结束时，两队均未得分，每队可派一名代表射点球。射点球时，对方设防守员，己方进球则得分。

建议

1. 中场休息时，教师注意提醒幼儿擦汗、喝水。
2. 比赛前后，教师带领幼儿做好热身和放松活动。
3. 教师提醒幼儿遵守比赛规则，不做犯规动作，注意安全，避免野蛮的冲撞和争抢等。同时，有针对性地对幼儿进行指导，如用脚控球、分辨本队球门、传球时集中注意、与同伴合作等。
4. 教师引导幼儿积极地看待比赛结果，形成正确的输赢观。

（赵焱）

附　足球技术基本动作方法与要点*

幼儿园足球游戏以培养兴趣、锻炼身体为主，不以完全掌握相应的技术为目的，因此，足球技术的动作方法与要点常常处于被忽视的状态。但是，"不要求幼儿掌握"并不意味着"教师可以不清楚"。教师了解足球技术的基本动作方法与要点，是有效指导幼儿足球游戏的前提，不仅能提升锻炼效果，还能避免幼儿在游戏中受到伤害。

为此，本书呈现了幼儿园足球游戏中可能会用到的部分技术的动作方法与要点，包含熟悉球性、运球、踢球、接球、抢截球等，供读者参考使用（详见表2）。每项动作均配有视频，可通过"人教易视听"电脑客户端或手机App观看。

需要强调的是，为了表述上的准确性，这些基本动作方法与要点采取了较专业、细致的写法，但这只是一个方向，是给教师和家长的参考，而非要求幼儿达到的目标。在实践中，教师和家长应根据幼儿的实际发展水平灵活把握。

表2 足球技术基本动作方法与要点[1]

足球技术	基本动作		动作方法与要点
熟悉球性	踩球	双脚交替踩球	双脚自然开立，身体稍微前倾，与球保持适当距离，双眼注视足球。右前脚掌点触球的上部，然后抬离；换左前脚掌点触球的上部，然后抬离。两脚交替练习。注意触球动作要轻、稳，重心放在支撑脚上
	拉球	侧拉球	重心稍降，身体放松、稍微前倾。用一只脚的前脚掌轻踩足球上部，将球从身前横向拉过；用另一只脚的脚掌将球停住。两脚交替练习
		回拉球	重心稍降，身体放松、稍微前倾。用一只脚的前脚掌轻踩足球上部，将球拉向身后并用脚内侧停球；再用脚内侧向前推球并将球踩停
	拨球	脚内侧拨球	双脚自然开立，身体稍微前倾，保持重心稳定，球在两脚之间。用左、右脚的内侧交替触球，来回拨动
运球	脚背正面运球		身体同正常跑步姿势，重心略降，运球腿提起，膝关节稍屈，脚背绷紧，脚尖下指，在着地前用脚背正面触球的后中部，将球向前推拨，重心随球跟进
	脚内侧运球		支撑脚在球的侧前方，膝关节稍弯曲，身体前倾。运球脚屈膝提起，脚尖稍翘起，用脚内侧向身体一侧推拨球的中后部前进，随后运球脚自然着地

---

[1] 本表根据人民教育出版社2018年出版的"校园足球运动丛书"学生用书及教师用书中的相关内容综合而成。

续表

足球技术	基本动作		动作方法与要点
运球	脚背外侧运球		身体自然放松，稍微前倾，两臂自然摆动，步幅稍小。支撑脚保持在球在侧后方；运球脚脚跟提起，脚尖稍内转，用脚背外侧推拨球前进，身体重心随球跟进
	运球过人	拨球变向过人	在运球过程中，通过拨球动作突然改变方向，从而突破或超越对手。以左晃右拨人为例：运球前进，注意控制好球与防守队员的距离，不宜太近；先向左跨步晃动，诱使防守队员重心偏移，并用右脚外侧推拨球，让球向右变向，然后快速推拨球，摆脱防守
		拉球变向过人	在运球过程中，通过拉球动作突然改变方向，从而突破或超越对手。如：运球前进，当对方靠近时，支撑脚落地，重心下降；当对方上抢时，另一只脚轻踩球的上部、向后拉球，利用对方失去重心的机会，快速变向运球前进，摆脱防守
踢球	脚内侧踢球		支撑腿膝关节稍微弯曲，支撑身体。踢球腿后摆，然后加速前摆，用脚内侧击球的后中部，身体重心随球跟进
	脚背正面踢球		直线助跑，支撑脚踏在球的外侧，膝关节微屈，脚尖指向踢球方向，眼睛看球。踢球腿大腿带动小腿快速前摆，击球时脚背绷直，用脚背正面击球，击球后随摆，保持身体平衡
	脚背内侧踢球		斜线助跑，支撑脚落在球的侧后方，膝关节微屈，脚尖指向踢球方向，眼睛看球。踢球腿大腿带动小腿快速摆动，用脚背内侧击球的中下部，击球后随摆，保持身体平衡

续表

足球技术	基本动作	动作方法与要点
踢球	脚背外侧踢球	直线助跑，支撑脚踏在球的外侧，膝关节微屈，脚尖指向踢球方向，眼睛看球。踢球腿大腿带动小腿快速前摆，击球时脚背绷直，脚趾向内扣紧并指向斜下方，用脚背外侧击球的后中部，击球后随摆，保持身体平衡
接球	脚内侧接球	判断来球速度和方向，调整身体位置。接球腿提起，前迎，用脚内侧对准来球。在脚与球接触的瞬间开始后撤，将球控制在所需要的位置
	脚底接球	移动前迎，接球脚向来球方向抬起，前脚掌接触球的上部，将球控制在所需要的位置
抢截球	正面跨步抢球	面向运球对手，两膝微屈，降低重心。当对方运球脚即将落地或刚刚落地时，立即用力蹬地，抢球脚对着球跨出，上体顺势前倾，身体重心迅速移到抢球脚，然后推拨球越过对方